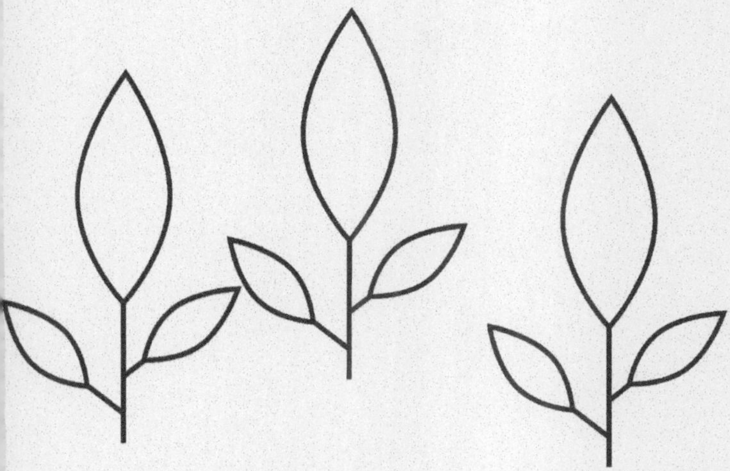

# ORGANIZAÇÕES SEM FINS LUCRATIVOS E SECTOR PÚBLICO

TÍTULO ORIGINAL
*Peter F. Drucker on Nonprofits and the Public Sector*



AUTOR
Peter F. Drucker

Direitos reservados para todos os países de língua portuguesa por

CONJUNTURA ACTUAL EDITORA
uma chancela de Edições Almedina, S.A.
Avenida Emídio Navarro, 81, 3D – 3000-151 Coimbra – Portugal

TRADUÇÃO
Pedro Elói Duarte

REVISÃO
Ana Breda

CAPA
Edições Almedina, sobre capa original da Harvard Business School Publishing Corporation

PAGINAÇÃO
Patrícia Boleto

IMPRESSÃO E ACABAMENTO
???????????

Outubro, 2022

DEPÓSITO LEGAL
000000/22



***Biblioteca Nacional de Portugal – Catalogação na Publicação***

DRUCKER, Peter F., 1909-2005
Organizações sem fins lucrativos e sector público.
– (Biblioteca Drucker)
ISBN 978-989-694-678-4
CDU 005

# PETER F. DRUCKER

# ORGANIZAÇÕES SEM FINS LUCRATIVOS E SECTOR PÚBLICO

ACTUAL

# ÍNDICE

# NOTA DO EDITOR

Este livro é um dos vários volumes da Biblioteca de Peter Drucker publicados pela Harvard Business Review Press.

Os ensaios aqui contidos foram escritos entre 1972 e 1981. Quando Peter Drucker os reuniu para este volume, em 1981, resistiu, conforme explicou num anterior volume de ensaios, «à tentação de os reescrever», argumentando que era «justo deixar que o leitor decidisse se as opiniões, os preconceitos e as previsões do autor tinham resistido ao teste do tempo».

Cerca de cinquenta anos depois, os leitores poderão achar que a linguagem de Drucker é, por vezes, datada ou inapropriada, e alguns dos seus argumentos são controversos ou absolutamente desviados. Mas, como editores, também optámos por resistir à tentação de adulterar os textos originais, pois não tínhamos a certeza de sermos sempre capazes de distinguir entre a atualização e a censura. Além disso, achamos que um dos muitos encantos destes ensaios para os leitores contemporâneos, que valorizam a vantagem de uma perspetiva completa que se estenda a todo o período durante o qual Drucker fez previsões, é poderem julgar agora como se conserva admiravelmente presciente e aplicável uma tão grande parte do seu pensamento.

# PREFÁCIO

Estes doze ensaios têm um autor comum e um ponto de vista comum. E embora os seus tópicos sejam diversos, todos se relacionam com a «ecologia social», e em especial com as instituições — quer sejam governos ou ciência organizada, empresas ou escolas — através das quais os seres humanos tentam realizar valores, tradições e crenças, e por meio das quais a maioria das pessoas — e especialmente as pessoas educadas do presente — tem acesso à subsistência e à realização, às carreiras e ao estatuto na sociedade. Todos estes ensaios partilham também a convicção de que, em algum momento na última década, ocorreram genuínas mudanças estruturais na «ecologia social», talvez mais acentuadas na estrutura populacional e na dinâmica populacional nos países desenvolvidos; mas também no papel e desempenho dos órgãos sociais há muito estabelecidos e aparentemente estáveis, como agências governamentais ou conselhos de administração, quer de empresas, hospitais ou universidades; na interação entre a ciência e a sociedade; e nas teorias fundamentais que ainda são largamente ensinadas como «verdades reveladas».

Este é, pois, um livro «contemporâneo» que se ocupa de problemas atuais como o ambiente, as políticas de reforma das populações envelhecidas ou os impactos da tecnologia. No entanto, ao escolher os textos para este volume entre os meus escritos dos últimos dez anos, excluí tudo o que se poderia chamar um artigo, ou seja, jornalismo temático, e tentei limitar-me aos ensaios. A meu ver, a diferença não está no estilo, na extensão ou no nível, mas na intenção. Um bom artigo captura a realidade que está por detrás dele, mas ocupa-se do «aqui e agora». Os problemas abordados nestes ensaios são os da época em que foram escritos — a nossa época. A intenção em todos eles, porém, foi utilizar o momento para adquirir entendimento, projetar, ver o permanente através do transitório. Isto, acredito, é mais evidente nos dois ensaios que abrem e fecham o livro, «Rumo à Nova Economia» e «Uma visão do Japão através da arte japonesa». Mas os outros também foram inspirados pela mesma intenção e, espero eu, transmitem ao leitor a experiência de autoconhecimento, de urgência, de compreensão direta transmitida por um bom retrato, mesmo que o retratado esteja morto há séculos.

A maioria dos ensaios aborda preocupações e desafios globais, ou pelo menos comuns a todos os países desenvolvidos não-comunistas (e, de um modo geral, também a países comunistas desenvolvidos). Mas visto que foram escritos na América, por um americano e para publicação em revistas americanas, utilizam copiosamente exemplos ou números americanos. No entanto, só um texto poderá parecer um pouco estranho aos leitores não-americanos: o ensaio «Ciência e indústria: desafios da interdependência antagónica», que foi lido na reunião anual da Associação Americana para o Avanço da Ciência de 1979. Ao escrever este ensaio, tomei consciência das diferenças extraordinárias no modo como diferentes países estruturaram a relação entre a «grande» Ciência organizada e a sociedade. Para um alemão, a fricção entre os dois na América atual pode parecer imatura; para um inglês ou japonês, pelo contrário, a constante interação entre os dois, independentemente do quão carregada de fricção, pode ser quase inacreditável. E todos estes três podem ter dificuldade em aceitar que, numa América reconhecida pelo seu pragmatismo, a Ciência «oficial» organizada se tenha deixado levar durante um século por uma pureza virginal extrema. Mas este é o foco do ensaio: a divergência crescente entre as mentalidades e os sistemas de valores dos produtores do conhecimento científico, os cientistas, e os utilizadores e consumidores do conhecimento científico, o governo e a indústria, é também relevante em todos os outros países desenvolvidos e representa uma ameaça igualmente grande, em especial para a ciência.

Dois dos ensaios, porém, incidem sobre uma área especial em vez de desenvolvimentos e problemas globais: os dois últimos ensaios sobre o Japão. É um país pelo qual me interesso há quase 50 anos e que já visitei mais de uma dúzia de vezes. Para mim, um dos fascínios do Japão é precisamente o facto de ser tão diferente, de ser realmente *sui generis*. É tão «asiático» quanto «ocidental» — no entanto, é por vezes ambos. Poucas das leis que os historiadores, sociólogos ou teóricos consideram «leis universais» são aplicáveis ao Japão. Única entre todas as civilizações, não reconhecia nenhuma propriedade de terras (exceto dos templos e do Imperador) até há um século; apenas reconhecia direitos aos produtos da terra. Única entre todas as civilizações, fechou-se voluntariamente ao mundo exterior durante mais de dois séculos, mas manteve grande interesse nas artes, na aprendizagem e na tecnologia do mundo exterior, e o maior dos respeitos por este mundo. Única entre todas as civilizações, não conheceu nenhuma guerra, tanto externa como interna, durante mais de dois séculos, ainda que tenha sido governada durante esse período por uma ditadura militar e vivido sob um código de ética marcial. Acima de tudo, entre todos os países e civilizações que conheço, só o Japão é acessível principalmente através dos olhos em vez de através da mente — e isto apesar de ter sido, por longos séculos, desde 1600 até finais do século XIX, o país com a mais alta taxa de literacia.

O último ensaio deste volume representa assim uma tentativa de obter através da perceção, pelo *design* e as artes visuais, o mesmo acesso ao Japão e o mesmo entendimento que se obtém para as outras nações e outras culturas através da análise, quer de filósofos, quer de instituições. Deverá ser o leitor a julgar se a tentativa foi bem-sucedida; mas é certamente importante: o Japão é demasiado importante no mundo atual para não ser percebido por nós no Ocidente. E se este ensaio fizer com que alguns leitores ocidentais — ou japoneses — olhem para as pinturas japonesas, seja na próxima vez que visitarem um museu ou num dos vários livros de arte excelentes agora disponíveis, eu — assim como eles — sentir-me-ei amplamente recompensado.

Os ensaios 2 a 10 foram republicados por ordem cronológica; pareceu ser o mais fácil e menos forçado. No entanto, o ensaio de abertura é bastante recente. O meu editor de longa data na Harper & Row, Cass Canfield, Jr., sugeriu que fosse colocado em primeiro lugar, visto abordar o assunto com mais probabilidade de ter maior interesse para um espectro alargado de leitores e, no entanto, normalmente tornado incompreensível, mesmo para os mais instruídos entre eles, pela tendência dos economistas para o jargão técnico. E o ensaio 11 é ainda mais recente. Foi redigido após a minha última viagem ao Japão no verão de 1980, para responder a todas as questões do Ocidente sobre como o Japão alcançou a liderança industrial, todas as questões acerca do «segredo» do sucesso do Japão. E pareceu então mais lógico colocar o ensaio 12, «Uma visão do Japão através da arte japonesa», após o ensaio 11 e no final.

Num volume de ensaios há sempre a tentação de reescrever. Resisti a esta tentação. Tudo o que fiz foi esclarecer algumas ambiguidades. Quando, por exemplo, um ensaio redigido em 1978 mencionava o «outono passado», mudei para «1977», mas não alterei mais nada. Penso que é justo deixar o leitor decidir o quão bem resistiram as opiniões, preconceitos e previsões do autor ao teste do tempo. No entanto, tive de rever extensamente um dos ensaios: o ensaio acerca de «Uma visão do Japão através da arte japonesa». Originalmente, este texto foi a minha contribuição para o catálogo «Canção do Arbusto», que John M. Rosenfield de Harvard e Henry Trubner do Museu de Arte de Seattle editaram para uma grande exposição de pintura japonesa exibida em 1979 e 1980 em Nova Iorque; Cambridge, Massachussets, Denver; São Francisco; e Seattle. O ensaio continha numerosas referências a pinturas exibidas na exposição e ilustradas no catálogo, que tiveram de ser eliminadas. As palavras que tomaram o seu lugar são um pobre substituto para as imagens de um catálogo singularmente belo, mas confio que o significado continue a ser transmitido.

Este é o meu terceiro volume de ensaios; os dois primeiros, contendo seleções que se estendem por 30 anos de escrita, foram publicados respetivamente pela Harper & Row em Nova Iorque e pela William Heinemann em Londres: *Technology, Management & Society* em 1970 e *Men, Ideas & Politics* em 1971. Ambos os volumes foram bem recebidos e ganharam um largo círculo de leitores, nas edições originais em capa dura e, mais recentemente, em capa mole. Espero que este presente volume renove para mim, de maneira semelhante, muitas antigas amizades e que crie muitas novas. Pois, para um escritor, até o leitor mais crítico é um amigo.

Peter F. Drucker
*Claremont, Califórnia*
*Dia de Ano Novo, 1981*

CAPÍTULO UM

# Rumo à Nova Economia[1]

NOS SEUS 400 ANOS DE HISTÓRIA, a economia passou por quatro grandes mudanças na sua perspetiva do mundo, nas suas preocupações e nos seus paradigmas. Encontra-se agora prestes a passar por outra, a sua quinta «revolução científica».

Hoje, a economia é em grande parte «A Casa que Keynes Construiu». Mesmo no mundo anglófono, só uma minoria dos economistas é keynesiana nas suas teorias específicas. Mas a grande maioria, talvez mesmo nos países comunistas, é keynesiana na sua «mentalidade», no que veem e consideram importante, nas suas preocupações, nos seus pressupostos básicos. Tendem a definir-se principalmente pela sua relação com a economia keynesiana, são «quase-keynesianos», «não-keynesianos» ou «antikeynesianos». A sua terminologia — produto interno bruto, por exemplo, ou massa monetária — assumem os agregados económicos em que se baseia a economia keynesiana. As perspetivas acerca da atividade económica, das políticas económicas e da teoria económica que Keynes propôs por volta de 1930 — ou pelo menos codificou — tornaram-se, 50 anos depois, no ambiente familiar, no território-base dos economistas, independentemente das suas convicções. Os keynesianos podem não reunir os maiores batalhões, mas ocuparam o alto-comando e, deste modo, definem os problemas.

Contudo, tanto como teoria económica quanto como política económica, a economia keynesiana encontra-se em desordem. É incapaz de enfrentar os problemas centrais de política nos países desenvolvidos — produtividade e formação de capital. De facto, a economia keynesiana tem de negar que estes problemas podem sequer existir. Também não é capaz de fornecer uma teoria que englobe, muito menos que explique, a experiência e a realidade económica observadas. E mostrou-se completamente irrelevante para as necessidades e os desafios económicos nos países em desenvolvimento do Terceiro Mundo, se não for até prejudicial para estes países.

---

[1] Publicado originalmente em *The Crisis in Economic Theory*, uma edição especial de 1980 de *The Public Interest*.

De facto, as duas únicas abordagens teóricas que demonstraram algum poder preditivo nos últimos dez ou quinze anos são incompatíveis com o modelo keynesiano: as teorias do economista canadiano Robert Mundell da Universidade de Columbia, e as da escola das «expectativas racionais». Mundell, após rigorosos estudos empíricos, concluiu há mais de dez anos que as políticas keynesianas não funcionam na economia internacional. Previu corretamente o fracasso das desvalorizações da moeda para corrigir a balança de pagamentos, controlar a inflação e melhorar a posição competitiva. A escola das «expectativas racionais» vai ainda mais longe: afirma que a intervenção governamental, ou seja, macroeconómica, não é apenas prejudicial; é também fútil e ineficaz.

Mas estas novas abordagens são igualmente incompatíveis com as teorias pré-keynesianas, tanto neoclássicas como marxistas. O que torna a atual «crise da economia» uma verdadeira «revolução científica» é a nossa incapacidade de voltar à perspetiva económica do mundo derrubada por Keynes. É certo que a maioria dos teoremas económicos, metodologias económicas e termos económicos encontrados nos manuais da atualidade ainda estarão nos manuais do futuro. Serão apenas reinterpretados — da mesma forma que a física quântica reinterpreta a ótica de Newton. Afinal de contas, Keynes não descartou nenhum teorema da economia clássica. Preservou até a «Lei de Say», segundo a qual as poupanças equivalem sempre a investimentos; tornou-se um «caso especial». E uma das ferramentas mais avançadas da economia moderna, a análise de Entrada e Saída, remonta à primeira tentativa de análise económica, o *Tableau Economique* dos fisiocratas, há mais de dois séculos. Mas como perspetiva económica do mundo, ou como sistema económico, as teorias mais antigas — por exemplo, a ortodoxia disciplinada dos «Austríacos» — não servem. O que tornou Keynes tão convincente há 50 anos, mesmo para um cético (como confesso eu próprio ter sido mesmo nessa altura), foi a nova visão que nos impôs; de repente, tivemos de ver uma realidade completamente nova — e esta realidade ainda nos acompanha e não vai desaparecer. A Nova Economia será «pós-keynesiana». Não pode ignorar Keynes, mas terá de o transcender.

No futuro, poderá não existir nenhuma «Economia». Os regimes totalitários, embora extremamente preocupados com a economia, não toleram o postulado em que se baseia qualquer disciplina da economia: a atividade económica, embora restringida e limitada pela racionalidade, preocupações e valores não-económicos, constitui uma esfera discreta e separada. Os regimes totalitários não podem aceitar a atividade económica como autónoma, internamente consistente e «*zweckrational*» dentro dos seus limites. Num regime totalitário, a economia transforma-se inexoravelmente num ramo da contabilidade.

No entanto, se houver economia futura, será fundamentalmente diferente da atual. Ainda não sabemos como serão as teorias económicas do futuro. Mas sabemos quais serão os principais problemas, interesses e desafios. Não conhecemos a Nova Economia; mas podemos esboçar as suas especificidades.

I

Para isso, temos de olhar de forma pragmática — ou seja, mais como metodologistas do que como economistas — para as perspetivas económicas do mundo subjacentes às quatro «revoluções científicas» da economia que precederam aquela em que nos encontramos, e em especial para os pressupostos e perspetivas básicas do mundo da última, o sistema keynesiano.

A economia começou com os cameralistas e os mercantilistas de França na primeira metade do século XVII. Viram pela primeira vez a economia como autónoma. Antes, não existia economia, independentemente do quão grande fosse o interesse pelo comércio e a subsistência, pela riqueza, pela cunhagem de moedas e pelos impostos. Como sistema, perspetiva do mundo, o mercantilismo era macroeconómico e o seu universo era uma unidade política, o território controlado pelo Príncipe. De facto, a definição de «Estado nacional», tal como surgiu em finais do século XVI, era essencialmente económica: a unidade controlada pelo Príncipe através do seu controlo sobre a cunhagem de moedas e o comércio externo. O mercantilismo era economia focada na oferta. O seu principal interesse era produzir a maior quantidade possível de excedente de exportações e, com isso, a moeda forte necessária para pagar aos soldados profissionais.

Apesar da sua preocupação com a oferta, o mercantilismo não conseguiu produzi-la. O mercantilismo colapsou como sistema naquilo que podemos hoje chamar uma «crise de produtividade». Quanto mais o Governo francês promovia a manufatura para exportação e geração de moedas, mais pobre se tornava o país — especialmente em contraste com os ingleses não-mercantilistas, assistemáticos e não-científicos do outro lado do Canal. Ao mesmo tempo, o mercantilismo também fracassou na promoção da formação de capital. Nesse tempo, havia poucas estatísticas económicas além de números relativos ao comércio externo, ao preço do pão e às receitas fiscais; mas não há dúvida de que a taxa de poupança francesa diminuiu de forma acentuada, enquanto as poupanças na Inglaterra não-mercantilista aumentaram de maneira estável.

Os fisiocratas iniciaram a sua «revolução científica» com o paradoxo de que o «país mais rico» da Europa mercantilista, a França, se tornara num dos mais pobres, e tornava-se cada vez mais miserável quanto mais moeda ganhava. Resolveram o paradoxo aplicando a lógica gaulesa ao pragmatismo anglo-saxónico. O seu sistema permaneceu tão focado na oferta quanto era o dos mercantilistas. Mas tornaram-se microeconomistas, com o lote individual de terreno e o seu cultivador como a unidade económica. Isto levou-os à primeira teoria económica do valor — ou seja, a primeira teoria que não fazia equivaler a «riqueza» ao «dinheiro». A fonte de valor dos fisiocratas era a natureza na sua manifestação económica, ou seja, a terra como produtora da subsistência humana. Com isto, a economia tornava-se verdadeiramente autónoma, tornava-se uma «disciplina».

A economia clássica — o terceiro dos sistemas económicos mundiais — herdou dos fisiocratas tanto o interesse pela oferta como o foco na microeconomia. Mas mudou a teoria do valor da «natureza» para «o homem». Com a teoria do valor-trabalho, a economia tornou-se uma «ciência moral». É a isto que, assim como ao seu sucesso em produzir riqueza, se deve o sucesso da economia clássica e a sua rápida ascensão ao estatuto de estrela entre as novas disciplinas. No entanto, muito pouco tempo depois, na altura da maturidade de John Stuart Mill em 1850, a teoria do valor-trabalho tornou-se um obstáculo e causa de grave agitação teórica.

Esta foi a base da terceira revolução científica, que ocorreu na segunda metade do século XIX: a mudança da economia clássica para a neoclássica, dos discípulos de Ricardo para os de Leon Walras na Bélgica e para os pioneiros austríacos da utilidade marginal. A mudança foi sobretudo filosófica. Os neoclássicos mudaram do «valor» para a «utilidade». Mudaram das necessidades humanas para os desejos humanos. Mudaram da estrutura económica para a análise económica. Para um não-economista, isto pode não parecer uma mudança muito significativa, e pode nem merecer o nome de «revolução científica». Mas introduziu um novo espírito que animou tanto a economia como os economistas até aos dias de hoje.

A terceira revolução científica também dividiu a economia. Marx e os marxistas recusaram abandonar a teoria do valor-trabalho. Isto forçou-os a rejeitar a análise económica. E foram também forçados a subordinar a economia a «forças históricas» não-económicas. A microeconomia dos «clássicos», com o seu equilíbrio intrínseco, diziam eles, só funcionaria se e quando fossem removidos os obstáculos meta-económicos à obtenção da totalidade do produto social pela mão de obra por revoltas políticas geradas pelas «contradições económicas» do sistema — ou, como definido mais tarde por Lenine, pelas «contradições políticas» do sistema. Então, o Estado dissolver-se-ia e a microeconomia tomaria o controlo: só então haveria equilíbrio.

Levando em conta o panorama paradigmático da economia, Keynes tinha realmente razão quando, no seu seminário em Cambridge nos anos 1930, afirmou que a sua economia representava um rompimento muito mais radical com a tradição do que Marx e o marxismo. Keynes não regressou apenas ao mercantilismo ao ser macroeconómico; virou todos os antigos sistemas de pernas para o ar ao centrar-se na procura em vez de na oferta. Na economia keynesiana, a oferta é uma função da procura e é por esta controlada. Sobretudo — a inovação mais importante —, Keynes redefiniu a realidade económica. Em vez de produtos, serviços e trabalho — realidades do mundo físico e «coisas» —, as realidades económicas de Keynes são símbolos: dinheiro e crédito. Para os mercantilistas, o dinheiro também conferia o controlo — mas controlo político, e não económico. Keynes foi o primeiro a postular que o dinheiro e o crédito conferiam o controlo *económico* completo.

A relação entre a economia «real» de produtos, trabalho e serviços e a economia «simbólica» do dinheiro e do crédito tinha sido um problema desde os primeiros tempos. Poucos economistas se sentiam satisfeitos com o modo como os clássicos (seguindo os fisiocratas) rejeitavam o dinheiro considerando-o o «véu da realidade». Muito antes de Keynes, economistas importantes, por exemplo MacCulloch, de resto um ricardiano devoto, ou, no caso da geração antes de Keynes, o sueco Karl Gustav Cassel e o alemão Georg Friedrich Knapp, tentaram substituir a economia baseada nas coisas por outra baseada em símbolos. Mas foi a observação de Keynes de que, na recessão dos anos 1920, os sindicatos ingleses tratavam os salários em dinheiro como «reais» e como «rendimento», mesmo tendo isso resultado num poder de compra mais baixo para os seus membros, que produziu na altura uma verdadeira «revolução científica». Na economia keynesiana são os produtos, a produção e o trabalho que representam o «véu da realidade». Ou melhor, estas *coisas* são determinadas por acontecimentos monetários: massa monetária, crédito, taxas de juro e excedentes ou défices governamentais. Produtos, serviços, produção, produtividade, procura, emprego e finalmente preços são tudo variáveis dependentes dos acontecimentos macroeconómicos da economia simbólica monetária. Do ponto de vista filosófico, Keynes tornou-se um nominalista radical — talvez não tenha sido pura coincidência o facto de ele e Wittgenstein terem sido contemporâneos em Cambridge.

Visto de forma pragmática, Milton Friedman é tão «keynesiano» quanto o próprio Mestre, ao contrário de «antikeynesiano» como é frequentemente representado. Friedman aceita sem reservas a visão keynesiana do mundo. A sua economia é puramente macroeconómica, com o governo nacional como a única unidade, a única força dinâmica que controla a economia através da massa monetária. A economia de Friedman é completamente focada na procura. O dinheiro e o crédito são a realidade económica ubíqua, e de facto a única. O facto de Friedman ver a massa económica como original e as taxas de juro como derivadas não é muito mais do que uma pequena anotação nas escrituras keynesianas. É um «pequeno ajuste» a Keynes. E o que fez sobressair Friedman não foi tanto a sua teoria monetária, mas a sua insistência na atividade económica como autónoma, nos valores económicos como eixos segundo os quais a política e o comportamento económico se deslocam, e no mercado livre — tudo com o qual o próprio Keynes teria plenamente concordado.

Para os clássicos, neoclássicos e marxistas, a Grande Depressão dos anos 1930 teve origem na «economia real», no empobrecimento da Europa na Primeira Guerra Mundial, agravada pelas indemnizações e por uma queda violenta da produtividade na agricultura e na indústria europeias. Para um keynesiano, porém, incluindo Friedman, a Grande Depressão resultou do *crash* da bolsa de valores de 1929, da «especulação», ou de uma contração da massa monetária, ou seja, de acontecimentos na economia simbólica.

## II

A atual «crise na economia» é um fracasso dos pressupostos básicos, do paradigma, do «sistema», e não desta ou daquela teoria. A economia keynesiana enfrentou a mais grave crise de produtividade desde a de França no século XVIII que desacreditou o mercantilismo. Esta crise de produtividade em todos os países desenvolvidos — e pior nos dois países mais fielmente keynesianos, a Grã-Bretanha e os Estados Unidos — invalida o teorema keynesiano da oferta controlada pela procura. A crise na formação de capital em que simultaneamente nos encontramos — mais uma vez no seu pior na Grã-Bretanha e nos Estados Unidos — não poderia, dentro da economia keynesiana, ter acontecido de todo; é teoricamente impossível segundo os paradigmas keynesianos.

Keynes estava plenamente consciente da importância da produtividade. Mas também estava convencido de que a produtividade era uma função da procura e determinada por esta. Em inícios dos anos 1930, os tempos áureos do seminário de Keynes em Cambridge, podia ouvir-se repetidamente acerca de Keynes a ser questionado por uma das mentes mais brilhantes no seminário, Joan Robinson, ou talvez Roy Harrod, ou Abba Lerner, «E a produtividade?» Keynes respondia sempre: «Podemos tomar a produtividade por garantida, desde que o emprego e a procura permaneçam em alta.»

Os clássicos não tomavam a produtividade por garantida. Pelo contrário, a «lei» do retorno decrescente de todos recursos é central na economia clássica. Marx tinha baseado neste axioma a sua previsão da queda iminente do «sistema burguês» (o termo «capitalismo» só foi criado após a morte de Marx). O que tornava Marx diferente era apenas a sua crença meta-económica e semirreligiosa de que o fim da «alienação» libertaria uma energia humana tão grande que chegaria para transformar o retorno decrescente dos recursos numa explosão de «criatividade». Mas ao mesmo tempo que Marx, no último volume inacabado de *Das Kapital* [*O Capital*], previa confiantemente a queda do «sistema» devido à sua crise intrínseca de produtividade, a produtividade começou a subir de forma acentuada. Isto resultou em parte da abordagem sistemática ao trabalho, desenvolvida originalmente por Frederick W. Taylor no seu «estudo das tarefas» (só mais tarde erroneamente chamado «gestão científica»)[2], que mostrou que o trabalho humano pode ser tornado infinitamente mais produtivo, não através do «trabalho mais duro», mas do «trabalho mais inteligente». Isto deveu-se maioritariamente à grande era das inovações, tanto na tecnologia como nas empresas e na gestão (por exemplo, a compra por prestações), que resultou no redireccionamento dos recursos de utilizações mais antigas e menos produtivas para outras mais recentes e produtivas. Em grande parte, o aumento da produtividade resultou de um trabalho constante de tornar os recursos — especialmente o capital — mais produtivos. O maior aumento de produtividade nos

[2] Sobre esta questão, ver «A redescoberta iminente da gestão científica».

últimos 100 anos não foi provavelmente nas fábricas, mas na banca comercial, onde um dólar em ativos atuais apoia pelo menos 100 vezes o volume de transações que apoiava há 100 anos, e sem nenhuma libertação de «criatividade» ou qualquer grande inovação. Nessa altura — isto é, nas décadas por volta do ano 1900 —, os países desenvolvidos aprenderam a utilizar o capital não para substituir o trabalho, mas para o atualizar e o tornar mais produtivo, como mostrou Simon Kuznets de Harvard nos seus estudos pioneiros pelos quais recebeu o prémio Nobel da Economia. De um modo geral, a inversão da teoria da produtividade entre 1900 e 1920, de uma teoria que postulava a tendência intrínseca para os retornos decrescentes para outra que postulava um aumento constante, foi um elemento importante da «revolução científica» keynesiana. Tornou possível, em grande medida, a mudança do foco da oferta para a procura, ou seja, para a crença de que a produção tende intrinsecamente mais para o excedente do que para a escassez.

Talvez não fosse tão infundado pensar, como o fez Keynes, há 50 anos, que a produtividade se ocupasse de si própria e que continuasse a aumentar de maneira lenta, mas estável, se pelo menos a confiança económica prevalecesse tanto para os empresários como para os trabalhadores, se a procura permanecesse alta e o desemprego baixo. Em inícios dos anos 1930, a perspetiva de Keynes era racional — embora otimista (ainda que não fosse então aceite por Joseph Schumpeter e Lionel Robbins).

Mas é certo que isto já não pode ser defendido. No entanto, no sistema keynesiano não existe espaço para a produtividade, nenhuma maneira de a estimular ou promover, nenhum meio de tornar uma economia mais produtiva. Com a produtividade a surgir como um problema e uma necessidade económica central, em especial nos países mais desenvolvidos — e uma necessidade na manufatura, nos serviços e na agricultura —, a incapacidade keynesiana de abordar a produtividade dentro da estrutura teórica ou das políticas económicas é uma grave lacuna, tal como era a incapacidade da astronomia ptolemaica do tempo de Copérnico de explicar os movimentos das estrelas e dos planetas.

Para a teoria económica, a diminuição da formação de capital nos países desenvolvidos, e em especial nos países dos fiéis crentes keynesianos — ou seja, os Estados Unidos e a Grã-Bretanha —, é ainda mais grave. Dentro da economia keynesiana, a diminuição não pode ser explicada, não podia ter acontecido.

O capital é o futuro. Constitui a reserva para os riscos, as incertezas, as mudanças e os empregos do futuro. Não é o custo «atual», mas é um custo assegurado. Uma economia que não cria capital suficiente para cobrir os custos futuros é uma economia que se condena a si própria ao declínio e à crise continuada, a crise da «estagflação», em que — uma impossibilidade tanto para os neoclássicos como para os keynesianos — existe simultaneamente alto desemprego e inflação.

A essência da teoria económica keynesiana, como qualquer aluno universitário sabe, era a rejeição da «Lei de Say», segundo a qual a poupança equivale sempre ao investimento, de tal maneira que uma economia forma sempre capital suficiente para as suas necessidades futuras. Keynes postulou, em vez disso, uma tendência para a «sobrepoupança» nas economias desenvolvidas. A «subpoupança», ou seja, a carência na formação de capital, não pode ocorrer num país desenvolvido de acordo com os postulados keynesianos. Isto foi visto desde o início como um grave defeito na economia keynesiana por críticos atentos (e simpatizantes) como Joseph Schumpeter. É claro que quando aceitamos que a poupança e o investimento não têm de ser idênticos, a «subpoupança» é tão provável quanto a «sobrepoupança». E aquilo a que temos assistido nos últimos 30 anos nos países anglófonos e desenvolvidos, isto é, keynesianos — desde muito antes da crise energética —, é «subpoupança» a uma escala maciça. O pressuposto básico em que assenta o paradigma keynesiano não pode, assim, continuar em vigor ou a ser defendido. Dentro do universo económico keynesiano, porém, a formação de capital não pode ser abordada. A economia keynesiana exclui explicitamente a possibilidade de subpoupança e, assim, de formação desadequada de capital. E se o capital é um verdadeiro «custo» da economia — e até Keynes nunca duvidou disto —, a macroeconomia baseada na procura não consegue lidar de maneira adequada com a teoria económica ou a política económica.

Nem a afirmação keynesiana de que a procura dos consumidores pode ser gerida macroeconomicamente através da gestão dos rendimentos monetários e das taxas de juro é sustentada pela experiência dos últimos 40 anos. O único exemplo que os keynesianos citam sempre em defesa do sucesso da sua abordagem, a «redução fiscal de Kennedy» em inícios dos anos 1960, não constitui nenhuma prova. A economia americana registou, de facto, um crescimento importante no ano em que a administração Kennedy reduziu os impostos federais. Mas, nesse mesmo ano, os impostos estatais e locais dos Estados Unidos aumentaram de maneira tão acentuada que anularam o corte fiscal federal. Nada na teoria keynesiana ou na realidade económica pode explicar porque é que os impostos estatais e locais têm um impacto económico diferente dos impostos federais.[3] E os outros exemplos do efeito das políticas keynesianas refutam, na verdade, a afirmação de que a economia pode ser gerida de maneira macroeconómica através do estímulo de taxas de juro mais baixas ou de maiores défices governamentais. Tanto nos anos do *New Deal* nos Estados Unidos como nos da «estagflação» britânica desde 1960, os maiores défices governamentais não estimularam a oferta. O seu efeito foi anulado por uma sabotagem microeconómica, ou seja, por um abrandamento acentuado da velocidade de

[3] É também por esta razão que a «redução fiscal de Kennedy» não prova nem sustenta, ao contrário do que é por vezes afirmado, a «curva de Laffer» e a sua tese de que *taxas* mais baixas de impostos resultam, a partir de certo ponto, em impostos na realidade mais altos, pois estimulam uma maior atividade económica. A «redução fiscal de Kennedy», precisamente por não ter existido tal «redução fiscal», não constitui prova ou refutação de nada.

circulação do dinheiro e uma queda no investimento — nenhuma destas coisas teria acontecido se a macroeconomia determinasse realmente as atitudes, o comportamento e as ações microeconómicas, como postulou Keynes.

Ainda mais grave pode ser o fracasso do fundamento filosófico básico da *política* económica keynesiana: a crença no «economista-rei», o perito objetivo e independente que toma decisões eficazes baseando-se apenas em evidência impessoal, quantitativa e inequívoca, isento tanto de ambições políticas para ele próprio como de pressões políticas sobre ele. Mesmo nos anos 1930, muitas pessoas tinham grande dificuldade em aceitar isto. Em particular para os europeus continentais, com as suas memórias das inflações pós-guerra, o economista-rei era arrogância pura — o que, em grande medida, pode explicar porque é que Keynes teve tão poucos seguidores no continente até aos últimos dez ou quinze anos. Agora, porém, poucos aceitariam o economista apolítico que, simultaneamente, controla decisões políticas cruciais. Como os «déspotas esclarecidos», o «economista-rei» keynesiano demonstrou ser uma ilusão e, na verdade, uma contradição de termos. Se as inflações da última década nos ensinaram alguma coisa —como o fizeram as inflações na Europa nos anos 1920 —, é que o economista no poder ou se transforma ele próprio num político conveniente, ou até irresponsável; ou então rapidamente deixa de ter poder e influência de todo. Não é verdade, como é frequentemente afirmado, que os economistas não sabem como travar a inflação. Desde finais do século XVI que qualquer economista sabe fazer isso: cortar as despesas do governo e, com elas, a criação de dinheiro. O que falta aos economistas não é o conhecimento teórico. É a vontade política ou o poder político. E, até hoje, todas as inflações foram terminadas por políticos que possuíam a vontade, e não por economistas que possuíam o conhecimento.

Sem o «economista-rei», a economia keynesiana deixa, porém, de ser funcional. Pode assumir o papel de crítico, desempenhado por Keynes nos anos 1920 e hoje desempenhado por Milton Friedman. Na oposição, o economista keynesiano, desprovido de poder, também pode estar livre da política. Mas é uma oposição que não se pode tornar um governo efetivo. Assim, é provável que o paradigma keynesiano permaneça durante muito tempo como crítica e guia sobre o que não se deve fazer. Mas está a perder rapidamente a sua credibilidade como fundamento para a teoria económica e guia para a política e para a ação.

## III

O facto de haver uma crise de produtividade e de formação de capital assegura que a Nova Economia terá de ser novamente microeconómica e centrada na oferta. Tanto a produtividade como a formação de capital são acontecimentos da microeconomia. Ambos lidam também com fatores da *produção* em vez de serem funções da procura.

Sabemos bastante sobre a produtividade e a formação de capital. Nos últimos 30 anos, realizou-se um enorme volume de trabalho empírico e teórico acerca destas duas áreas. A produtividade, como sabemos, significa o rendimento económico de cada um dos fatores da produção: recursos humanos, capital, recursos físicos e tempo; e o rendimento global da combinação de todos os recursos. A formação de capital, como sabemos, tem de ser pelo menos igual ao custo do capital. E numa economia em crescimento, os custos do futuro, que têm de ser cobertos pela formação de capital do presente, são significativamente maiores do que o custo do capital. Numa economia em crescimento, os empregos do futuro, por definição, necessitarão de um investimento de capital significativamente maior do que os empregos do presente, requerendo assim uma formação de capital substancialmente maior do que a substituição de capital representada pela taxa atual de retorno do capital. E sabemos como determinar a taxa de formação de capital necessária para as incertezas do futuro com uma margem de erro que não é maior do que a relativa a esses custos aceites do presente no modelo contabilístico como depreciação ou riscos de crédito.

Também sabemos bastante sobre os fatores e as forças que estimulam tanto uma maior produtividade quanto uma maior formação de capital. Nenhum deles, deve ser dito, é um fator da «economia simbólica» do dinheiro e do crédito. Os acontecimentos na economia simbólica podem desencorajar, mas têm pouca probabilidade de estimular tanto a produtividade quanto uma maior taxa de formação de capital.

No entanto, embora tenhamos tanto os conceitos como os dados, não temos, até agora, um modelo microeconómico que incorpore a produtividade e a formação de capital. Até mesmo os termos são geralmente desconhecidos para as teorias disponíveis, por exemplo, a teoria da empresa, que constitui a microeconomia mais frequentemente ensinada nos nossos cursos universitários. Em vez de produtividade e formação de capital, a teoria da empresa fala da «maximização do lucro». Mas há pelo menos 50 anos que sabemos que a «maximização do lucro» é um conceito inútil quando aplicado a qualquer coisa que não seja uma transação comercial única, não-recorrente, da parte de um indivíduo e num único produto, ou seja, um acontecimento excecional, raro e pouco representativo. De um modo geral, a Nova Economia, na sua microeconomia, irá, quase de certeza, descartar o conceito de «lucro». Pressupõe uma economia estática, imutável e fechada. Numa economia móvel, mutável e aberta, onde existe risco, incerteza e mudança, não existe «lucro», exceto — como ensinava Schumpeter há 70 anos — o lucro temporário do verdadeiro inovador. Para qualquer outra atividade económica, existe apenas custo: os custos do passado e do presente, que estão incorporados no modelo contabilístico, e os custos do futuro, expressos pelo custo do capital. De facto, não se conhece nenhuma empresa que aplique a «maximização do lucro» no seu planeamento ou nas suas decisões sobre o investimento de capital ou os preços. As teorias e os conceitos que regem o comportamento real das empresas são teorias de custo de capital, ou de otimização de mercado, e de ganhos em custos a longo prazo (a «curva de aprendizagem») provindos da maximização do volume de produção, e não da maximização da rentabilidade.

A Nova Economia necessitará, assim, de uma microeconomia radicalmente diferente como alicerce. Exigirá uma teoria que vise *otimizar* a produtividade; isto porque um equilíbrio de funções parcialmente dependentes é, necessariamente, mais uma otimização do que uma maximização. A formação de capital requer um conceito mínimo: a cobertura do custo do capital. Requer uma teoria que vise «satisfazer», em vez de maximizar, o lucro (embora se venha a verificar que o custo mínimo de capital será, paradoxalmente, muito maior do que o que os economistas atuais e a maioria dos executivos empresariais consideram a rentabilidade máxima disponível — que é, obviamente, a razão da existência de uma «crise de formação de capital»). A nova microeconomia, ao contrário da atual, será dinâmica e assumirá o risco, a incerteza e a mudança na tecnologia, nas condições económicas e nos mercados. No entanto, deverá ser uma economia de equilíbrio, integrando uma reserva para um futuro incerto e em mudança no comportamento presente e verificável. Muito do trabalho duro para este efeito já foi realizado — em parte há 50 anos, pelo economista de Chicago, Frank Knight; em parte, pelo economista inglês contemporâneo, G. L. S. Shackle. A nova teoria microeconómica deverá então ser capaz de resolver o dilema que tem atormentado os economistas desde Ricardo, há quase 200 anos: a análise económica só é possível se excluir a incerteza e a mudança, e a política económica só é possível se contemplar a incerteza e a mudança. Na nova microeconomia, devemos conseguir integrar tanto a análise como a política num equilíbrio dinâmico através da produtividade e da formação de capital.

Se a produtividade e a formação de capital são os seus pontos focais, uma teoria microeconómica também poderá fazer o que nunca foi possível fazer na economia: conjugar a microeconomia com a macroeconomia, ou até uni-las numa só. Embora a produtividade e a formação de capital sejam acontecimentos da microeconomia, também são — ao contrário do lucro — termos úteis da macroeconomia, e agregados macroeconómicos mensuráveis. O «lucro», por definição, é apenas aplicável a uma entidade jurídica, o «empresário» ou a «empresa». Mas faz sentido falar em produtividade de uma indústria ou de formação de capital na economia mundial.

No passado, a teoria económica era apenas microeconómica ou macroeconómica. Alfred Marshall, o último economista «clássico», tentou combinar as duas em inícios deste século; mas ninguém, incluindo o próprio Marshall, pensou que viesse a ter sucesso. E foi o fracasso de Marshall, em grande parte, que fez com que Keynes optasse por um sistema puramente macroeconómico. No entanto, a Nova Economia não terá, quase certamente, o luxo de escolher entre a microeconomia e a macroeconomia. Terá de conseguir fazer o que Marshall tentou e não conseguiu: integrar ambas. A macroeconomia provou ser — pela segunda vez — incapaz de lidar com a oferta, ou seja, a produtividade e a formação de capital. Contudo, a microeconomia isolada não é adequada para a teoria económica nem para a política económica num mundo de economias mistas, de empresas multinacionais, de moedas não conversíveis e de governos que redistribuem metade das receitas das suas nações.

Mas aquilo que o termo «macroeconomia» realmente significará na Nova Economia é tudo menos claro e será altamente controverso. Durante 400 anos, o termo significou automaticamente «economia nacional». Os Alemães, até aos dias de hoje, chamam à disciplina da «economia» «*Nationaloekonomie*» ou «*Volkswirtschaft*». Mas a única teoria atual que tenta integrar a microeconomia e a macroeconomia, a de Robert Mundell, rejeita o governo nacional como elemento. A macroeconomia de Mundell é a economia mundial. Os governos nacionais, na economia de Mundell, só são eficazes na medida em que são agentes da economia mundial, antecipando as suas tendências estruturais e moldando as suas economias domésticas em conformidade; os exemplos são o Japão e a Alemanha na altura do seu crescimento mais rápido, nos anos 1960. E os países que tentaram comportar-se como verdadeiras «macroeconomias» durante o período após a Segunda Guerra Mundial — em especial os países keynesianos, a Grã-Bretanha e os Estados Unidos — também são, como demonstrado por Mundell, os países que tiveram o menor controlo sobre as suas economias nacionais e com os custos mais elevados.

A propósito, esta foi a conclusão a que chegou o próprio Keynes no final da sua vida. Por volta de 1942, Keynes deixou de ser «keynesiano» e abandonou o Estado-nação como macroeconomia. Em vez disso, propôs construir a economia do pós-guerra em torno do «bancor», uma moeda transnacional que seria independente dos governos e das moedas nacionais e gerida por economistas apolíticos agindo como funcionários públicos transnacionais. O «bancor» foi rejeitado na Conferência de Bretton Woods pelos keynesianos americanos, que suspeitavam de que fosse uma tentativa de manter a libra esterlina como «moeda principal», mas que também confiavam arrogantemente na capacidade de o dólar americano ser a «moeda principal» do mundo e na sabedoria dos economistas americanos em gerir o dólar e mantê-lo livre das pressões políticas domésticas. Mas, atualmente, até os americanos defendem os «direitos de saque especiais» (DSE) do Fundo Monetário Internacional como moeda transnacional e não-nacional da economia mundial. Até os americanos aceitaram que não pode existir uma «moeda principal» — ou seja, que nenhum Estado-nação pode aspirar a uma verdadeira soberania económica. E os maiores detentores de liquidez da economia mundial — os países da OPEP, os maiores Bancos Centrais e as grandes multinacionais sediadas em países com superavit de balança-de-pagamentos como a Alemanha, o Japão ou a Suíça — são rápidos a transformar o seu dinheiro em moedas transnacionais: os DSE, um «cabaz de compras» de moedas nacionais, moedas de conta indexadas ao poder de compra, ou ouro.

Ainda assim, faz sentido falar em «economia brasileira» ou «economia britânica». O Estado-nação é uma realidade. Não é *a* realidade económica, do ponto de vista da macroeconomia tradicional. Mas também não é um «fator alheio», que pode limitar a atividade económica, mas não a pode determinar ou direcionar. A Nova Economia terá de levar em conta esta realidade — porque o Estado nacional é certamente, no futuro previsível, a única instituição política existente.

Assim, é provável que a Nova Economia tenha, no seu cerne, um debate aceso acerca do lugar do governo nacional na teoria económica. Uma abordagem poderá seguir Mundell e considerar que o governo nacional é, pelo menos nos países desenvolvidos, não mais do que uma engrenagem no sistema em vez do seu motor. Outra abordagem, previsivelmente, tentará manter o Estado-nação e o seu governo como o centro do universo económico, com a macroeconomia e a economia mundial, por assim dizer, como planetas que orbitam à sua volta. Poderão até haver dois teoremas paralelos, um sistema económico «ptolemaico», «centrado na nação», anglo-americano e neokeynesiano, e outro francês e cameralista — uma abordagem que tenta manter o controlo e a singularidade da economia nacional através do dinheiro e do crédito, e outra no controlo através daquilo a que os franceses chamavam «planeamento indicativo», ou seja, por meio da distribuição do capital, do trabalho e dos recursos físicos. Poderá existir — metodologicamente, quase terá de existir — outra abordagem que tentará organizar os três centros num único sistema, a microeconomia do indivíduo e da empresa, a economia intermédia do Estado-nação e a macroeconomia da economia mundial. Este, penso eu, poderá ser o único modelo adequado para os países em desenvolvimento, e em especial para aqueles em rápida industrialização. De qualquer modo, a Nova Economia será outra vez, certamente, «economia política», com a questão acerca da relação entre as realidades económicas, ou seja, economia mundial e microeconomia, e as realidades políticas, ou seja, o Estado-nação, a ser central para a teoria económica e altamente controversa.

Igualmente central, e talvez até mais controversa, será a relação entre a «economia real» das coisas: produtos, recursos, trabalho, e a «economia simbólica» do dinheiro e do crédito. Não poderá haver um regresso à antiga rejeição da economia simbólica como «véu da realidade». Mas não se conservará a ortodoxia recente na qual a economia simbólica é a economia verdadeira e real, com coisas: produtos, serviços e trabalho, sendo meras «funções» e na verdade funções totalmente dependentes, da «economia simbólica».

Podemos ter de nos contentar, porém, com algo análogo ao «princípio da incerteza» dos físicos, segundo o qual as únicas afirmações com significado acerca de certos eventos — produtividade, por exemplo, formação de capital, distribuição de recursos, etc. — são as afirmações em termos da «economia real», com os acontecimentos da «economia simbólica» a servirem apenas de contenção e de limite. Mas outros acontecimentos igualmente «reais» poderão talvez apenas ser discutidos, analisados ou até mesmo descritos em termos da «economia simbólica», com a «economia real» das coisas a servir-lhes de contenção. Isto não seria particularmente satisfatório — mas poderá ser o melhor que conseguimos alcançar.

## IV

Hoje, ninguém pode prever se a Nova Economia será desenhada por um grande pensador, outro Adam Smith, um Ricardo, ou um Keynes; ou se surgirá de uma mudança gradual, resultante do trabalho de um grande número de pessoas competentes, como aconteceu, há um século, com a mudança da economia clássica para a neoclássica da utilidade marginal. A Nova Economia será uma enorme torre erigida sobre um alicerce intelectual, semelhante ao edifício concebido por Keynes há meio século. Ou poderá ser um subúrbio disperso sem centro, unido apenas por algumas autoestradas extremamente movimentadas. Mas a Nova Economia terá, necessariamente, de incorporar aquilo que durante a história da economia sempre foi visto como alternativas discretas, se não opostas: a microeconomia e a macroeconomia; a economia real dos produtos e do trabalho e a economia simbólica do dinheiro e do crédito. Utilizará como blocos estruturais o pensamento económico e as teorias económicas da totalidade dos 400 anos da história da economia; mas é pouco provável que utilize algum deles como alicerce ou pedra de toque.

E a Nova Economia poderá mesmo tentar ser novamente tanto «humanidade» como «ciência».

Segundo um relato popular entre os jovens membros do seminário de Keynes em Cambridge nos anos 1930, um dos discípulos perguntou ao Mestre por que razão não existia nenhuma teoria do valor na sua *Teoria Geral*. Keynes terá respondido: «Porque a única teoria do valor disponível é a teoria do trabalho, e foi completamente refutada.» A Nova Economia poderá voltar a ter uma teoria do valor. Poderá proclamar que a produtividade — ou seja, o conhecimento aplicado aos recursos através do trabalho humano — é a origem de todo o valor económico.

A produtividade como origem do valor é tanto *a priori* como operacional, e satisfaz assim as condições de princípio básico. Seria tanto descritiva como normativa, descrevendo o que é e porquê e também indicando o que deverá ser e porquê. Marx, segundo defendiam os «revisionistas» do socialismo por volta de 1900, nunca se sentiu completamente satisfeito com a teoria do valor-trabalho, mas procurou um substituto em vão. Nenhum dos grandes economistas não-marxistas dos últimos 100 anos, Alfred Marshall, Joseph Schumpeter ou John Maynard Keynes, se sentiu confortável com uma economia completamente desprovida de uma teoria do valor. Mas, como ilustra o episódio sobre Keynes, não conheciam nenhuma alternativa. A produtividade como origem de todo o valor económico poderia servir. Esclareceria. Direcionaria a visão.

Guiaria a análise, a política e o comportamento. A produtividade é o homem e as coisas; é estrutural e analítica. Uma economia baseada na produtividade poderá então tornar-se naquilo que foi cobiçado por todos os grandes economistas: uma «humanidade», uma «filosofia moral», uma «*Geisteswissenschaft*»; e uma «ciência» rigorosa.

CAPÍTULO DOIS

# Salvar a cruzada[4]

## *O alto custo do nosso futuro ambiental*

HOJE, TODOS SÃO «DEFENSORES DO AMBIENTE». Leis e instituições com o objetivo de o proteger multiplicam-se em todos os níveis do governo. As grandes empresas utilizam cartazes publicitários multicoloridos para explicar como estão a tornar se mais limpas, ou pelo menos a tentar fazê-lo. Até o leitor como cidadão comum faz provavelmente algum esforço consciente para diminuir a poluição. Ao mesmo tempo, aprendemos o suficiente sobre o problema para realizarmos algum progresso no sentido de restaurar o equilíbrio entre o homem e a natureza.

No entanto, a cruzada corre um verdadeiro risco de descarrilamento, à semelhança da sua antecessora imediata, a chamada guerra contra a pobreza. Paradoxalmente, os ambientalistas mais fervorosos podem estar entre os principais sabotadores. Muitos estão confusos sobre a causa da nossa crise e o modo como a podemos resolver. Ignoram as decisões difíceis que têm de ser tomadas; dividem os recursos disponíveis para atacar os problemas ambientais. De facto, alguns dos nossos principais cruzados parecem quase perversamente determinados a sabotar a sua causa — e o nosso futuro.

Considere-se, por exemplo, a ilusão generalizada de que se pode obter um ambiente limpo através da redução ou até mesmo da abolição da nossa dependência na «tecnologia». A crescente crise da poluição levanta realmente questões fundamentais sobre a tecnologia — as suas direções, utilizações e futuro. Mas a relação entre a tecnologia e o ambiente não é tão simples quanto o que a retórica antitecnológica nos quer fazer crer. A invenção que provavelmente teve o maior impacto ambiental nos últimos 25 anos, por exemplo, é um dispositivo aparentemente insignificante: a rede metálica para janelas. A rede metálica, mais do que o DDT ou os antibióticos, detonou a «explosão populacional» nos países subdesenvolvidos, onde há poucas décadas quatro em cinco crianças morriam de doenças transmitidas por insetos como as «diarreias do verão»

---

[4] Publicado originalmente na *Harper's Magazine*, em janeiro de 1972.

ou a malária antes do quinto aniversário. Será que mesmo o ambientalista mais fervoroso proibiria as redes para as janelas, expondo aqueles bebés novamente às moscas?

A verdade é que a maioria dos problemas ambientais requer soluções tecnológicas — e dezenas delas. Para controlar o nosso principal poluente da água, os resíduos humanos, teremos de recorrer a todas as ciências e tecnologias, desde a bioquímica à termodinâmica. De maneira semelhante, necessitamos da tecnologia mais avançada para o tratamento adequado dos efluentes que a mineração e a manufatura despejam para as águas do mundo. Será necessária ainda mais tecnologia para reparar os danos causados pela terceira maior fonte de poluição da água neste país — as atividades dos agricultores e lenhadores.

Até a esperança no desarmamento genuíno — e a corrida ao armamento pode ser o nosso pior e mais perigoso poluidor — depende em grande parte de tecnologias complexas de inspeção e vigilância remotas. O controlo ambiental, por outras palavras, necessita de tecnologia a um nível pelo menos tão alto quanto o da tecnologia cujo abuso é concebida para combater. As estações de tratamento de águas residuais, urgentemente necessárias em todo o mundo, serão desenhadas, construídas e mantidas em funcionamento não pela pureza do coração, por baladas ou por Dias da Terra, mas por engenheiros competentes que trabalham em grandes instituições, sejam elas empresas, laboratórios de investigação ou agências do governo.

## Quem pagará?

A segunda e igualmente importante ilusão hoje muito disseminada é a ideia comum de que o custo de limpar o ambiente pode ser pago pelos «lucros empresariais». Depois dos impostos, os lucros de todas as empresas americanas num bom ano chegam aos 60 ou 70 mil milhões de dólares. E a mineração e a manufatura — as indústrias mais poluentes — representam menos de metade disto. Mas, de acordo com a estimativa mais baixa, a fatura da limpeza, mesmo para as tarefas mais urgentes, será três ou quatro vezes maior do que todos os lucros empresariais.

Considere-se a empresa de energia elétrica mais eficiente e rentável do país (e provavelmente do mundo): a American Power Company, que opera grandes sistemas energéticos no Centro-Oeste e no Alto Sul. Teve sempre uma mentalidade mais ecologista do que as outras companhias de eletricidade, incluindo a TVA do próprio governo. No entanto, limpar as centrais da American Power até ao ponto de deixarem de poluir o ar e a água necessitará, durante vários anos, de uma despesa anual semelhante ou até superior ao atual lucro anual da empresa de 100 milhões de dólares. A despesa adicional causada pelo abandono da mineração de superfície de carvão ou pela recuperação dos terrenos da mineração de superfície pode duplicar a fatura de combustíveis da empresa, o seu maior custo operacional. Ninguém pode sequer estimar qual seria o custo — se e quando for possível do ponto de vista tecnológico — de enterrar as linhas de transmissão de energia elétrica. Poderá facilmente ser muito maior do que aquilo que as empresas de eletricidade alguma vez ganharam.

Enfrentamos uma crise ambiental porque ignorámos os verdadeiros custos durante demasiado tempo. Agora, temos de aumentar os custos, à pressa, até onde eles deveriam ter estado desde sempre. A despesa terá de ser suportada, eventualmente, pela grande massa de pessoas como consumidores e produtores. A única escolha que temos é qual dos custos será suportado na forma de preços mais elevados, e qual na forma de impostos mais altos.

Poderá ser possível converter parte deste fardo económico em oportunidade económica, mas não sem trabalho duro e, mais uma vez, nova tecnologia. Muitos resíduos industriais ou humanos poderão ser transformados em produtos valiosos. O calor produzido pela geração de eletricidade poderá ser utilizado em estufas e na piscicultura, ou na abertura de «buracos de calor» na camada de ar frio em locais como Los Angeles, criando um fluxo ascendente para eliminar a poluição atmosférica. Mas estes são projetos a longo prazo. Os custos elevados existem aqui e agora.

Intimamente relacionada com a falácia de que o «lucro» pode pagar a fatura ambiental é a ideia de que podemos resolver a crise ambiental reduzindo a produção industrial. Nos países altamente desenvolvidos e ricos do mundo, é verdade que podemos estar prestes a reduzir a ênfase na «orientação para a produção» das últimas centenas de anos. De facto, os «sectores em crescimento» das economias desenvolvidas são cada vez mais a educação, as atividades de lazer ou os cuidados de saúde, e não os produtos. No entanto, por muito paradoxal que pareça, a crise ambiental forçar-nos-á a regressar durante várias décadas à ênfase tanto no crescimento como na produção industrial.

## Factos ignorados da vida

Há três razões para isto, cada uma adequada em si mesma.

1. Praticamente todas as tarefas ambientais requerem enormes quantidades de energia elétrica, muito superiores a tudo o que hoje existe. O tratamento dos esgotos é apenas um exemplo: a diferença entre os métodos tradicionais e completamente desadequados e uma central de tratamento moderna que elimina os resíduos humanos e industriais e produz água razoavelmente limpa é principalmente a energia elétrica, e o grande abastecimento desta. Isto cria um difícil dilema: as centrais elétricas são elas próprias poluidoras; e um dos seus maiores riscos de poluição, a poluição térmica, é algo que ainda não sabemos resolver.

Deveríamos ter adiado qualquer ataque sério às outras tarefas ambientais até termos resolvido os problemas de poluição da geração de energia elétrica? Seria uma decisão quixotesca, mas ao menos seria uma decisão deliberada. O que é simplesmente desonesto é a atual hipocrisia que diz que levamos estes outros problemas a sério — os resíduos industriais, por exemplo, ou os esgotos ou os pesticidas — enquanto nos recusamos a construir as centrais de energia elétrica de que necessitamos para os resolver. Sou, a propósito, membro do Sierra Club, o grupo ambientalista mais antigo da América. Mas a oposição atual do Sierra Club a qualquer nova central elétrica — e a oposição de outros grupos a novas centrais elétricas noutras partes do país (por exemplo, na cidade de Nova Iorque) — assegurou, em primeiro lugar, que as outras tarefas ecológicas não poderão ser realizadas de maneira eficaz durante os próximos cinco ou dez anos. Em segundo lugar, garantiu que o motor de combustão interna continuará a ser a nossa base para os transportes durante muito tempo. Um automóvel elétrico ou o transporte coletivo eletrificado — as únicas alternativas viáveis — necessitariam de um aumento de energia elétrica ainda mais rápido do que algum agora projetado. E em terceiro lugar, daqui a alguns anos poderá mesmo causar falhas elétricas ao longo da costa atlântica, o que significaria casas não aquecidas no inverno, bem como encerramentos industriais generalizados e desemprego. Isto causaria quase certamente uma «revolta» contra toda a cruzada ecológica.

2. Por muito desejável que possa ser a redução da ênfase na produção, a próxima década é a altura errada para isso em todos os países desenvolvidos, e em especial nos Estados Unidos. A próxima década trará um aumento da procura de emprego e da formação de novas famílias — ambos resultados inevitáveis do *baby boom* de finais dos anos 1940 e inícios dos anos 1950. Os jovens adultos precisam de emprego; e se não houver uma rápida expansão dos empregos na produção, haverá desemprego maciço, especialmente entre os negros pouco qualificados e os membros de outros grupos de minorias. Além de empregos, as jovens famílias precisam de bens — desde habitação e mobílias até sapatos para o bebé. Mesmo que o padrão de consumo da família individual diminua bastante, a procura total — salvo se ocorrer uma crise grave — aumentará de forma acentuada. Se isto sofrer resistência em nome da ecologia, o ambiente tornar-se-á uma palavra negativa no vocabulário político.
3. Se não houver uma expansão da produção equivalente aos custos adicionais da limpeza do ambiente, o peso dos custos será — de facto, terá de ser — suportado pelo corte de fundos disponíveis para a educação, para a saúde ou para os bairros desfavorecidos das cidades, prejudicando assim os pobres. Seria bom se os recursos de que necessitamos viessem das despesas com a defesa. No entanto, dos seis ou sete por cento da nossa receita nacional que estão hoje destinados à defesa, grande parte

são custos de guerras passadas, ou seja, pensões e subsídios de incapacidade para os veteranos (que, por acaso, a maioria dos outros países não inclui nos orçamentos de defesa — um facto frequentemente ignorado pelos críticos do «militarismo americano»). Mesmo que pudéssemos — ou devêssemos — cortar na despesa de defesa, o «dividendo da paz» será um ou dois por cento da receita nacional, na melhor das hipóteses. Mas os gastos públicos totais com a educação (sete a oito por cento), a saúde (outros sete a oito por cento) e os bairros desfavorecidos e outras áreas de pobreza (quase cinco por cento) representam um quinto da receita nacional total nos dias de hoje. A não ser que aumentemos a produção e a produtividade com a celeridade suficiente para compensar os custos ambientais adicionais, os eleitores procurarão o dinheiro neste sector. De facto, com a sua rejeição dos orçamentos para as escolas de todo o país e com as suas tentativas desesperadas de cortar os custos da segurança social, os eleitores já o começaram a fazer. O facto de a mudança dos recursos vir provavelmente a ser conseguida em parte através da inflação — essencialmente à custa dos grupos com rendimentos mais baixos — não vai fazer com que a causa ambiental se torne mais popular entre os pobres. A única maneira de evitar estes males é expandir a economia, provavelmente com uma taxa de crescimento na ordem dos quatro por cento ao ano durante a próxima década, uma taxa mais alta do que a que conseguimos manter neste país durante os anos do pós-guerra. Isto envolve, sem dúvida, riscos ambientais muito altos. Mas a alternativa significa, provavelmente, não existir nenhuma ação ambiental de todo, e uma viragem rápida no público — de modo algum limitada aos conservadores — contra qualquer preocupação ambiental.

## Obrigar a virtude a pagar

A última ilusão é que a maneira correta de criar um ambiente limpo é através da legislação punitiva. Necessitamos realmente de proibições e de leis para impedir ações que possam ameaçar e degradar o ambiente. Mas, mais do que isso, precisamos de incentivos para o preservar e melhorar.

As leis punitivas só são bem-sucedidas se os malfeitores forem poucos e se o ato proibido for relativamente raro. Sempre que a lei tenta prevenir ou controlar algo que todos fazem, degenera numa enorme, mas fútil máquina de informadores, espiões, corruptores e corrompidos. Hoje, todos — nos países subdesenvolvidos quase tanto como nos desenvolvidos — somos poluidores. As leis punitivas e as regulações podem obrigar os fabricantes de automóveis a colocar controladores de emissões nos novos carros, mas nunca conseguirão obrigar 100 milhões de motoristas a manter este equipamento. No entanto, esta será a tarefa central se quisermos acabar com a poluição automóvel.

O que devemos fazer é tornar vantajoso para todos o cumprimento das metas ambientais. E visto que as raízes da crise ambiental se encontram tão fortemente na atividade económica, os incentivos também terão de ser em grande parte económicos. Os proprietários de automóveis que mantêm funcionais os controlos de emissões nos seus carros poderão, por exemplo, pagar uma taxa de registo automóvel muito mais baixa, enquanto aqueles cujos carros estão abaixo dos padrões aceites poderão pagar uma taxa muito mais alta. E se lhes fossem oferecidos incentivos fiscais significativos, as construtoras automóveis colocariam toda a sua energia na produção de carros mais seguros e sem emissões, em vez de lutarem pelo adiamento da legislação punitiva.

Apesar de toda a retórica nas universidades, sabemos agora que o «capitalismo» nada tem que ver com a crise ecológica, que é igualmente severa nos países comunistas. As praias balneares ao longo de 80 quilómetros em redor de Estocolmo tornaram-se completamente inutilizáveis por causa dos esgotos não tratados da Leningrado comunista que andam à deriva no estreito Báltico. Moscovo, embora ainda possua poucos automóveis, tem um problema de poluição do ar tão grave quanto Los Angeles — e até agora fez menos contra isso.

Também devemos saber que a «ganância» tem pouco que ver com a crise ambiental. As duas principais causas são as pressões populacionais, em especial as pressões nas grandes populações metropolitanas, e o desejo — extremamente respeitável — de proporcionar uma vida decente com o menor custo possível ao mais elevado número de pessoas possível.

A crise ambiental é o resultado do sucesso — sucesso na diminuição da mortalidade infantil (que nos trouxe a explosão populacional), sucesso no aumento suficiente da produção agrícola para a prevenção da fome maciça (que nos trouxe a contaminação por inseticidas, pesticidas e fertilizantes químicos), sucesso ao retirar as pessoas dos bairros desfavorecidos das cidades do século XIX e colocá-las na privacidade de uma casa unifamiliar nos subúrbios verdejantes (que nos trouxe a expansão urbana e os engarrafamentos de trânsito). A crise ambiental, por outras palavras, é principalmente o resultado de fazer em demasiado o que está correto.

Para ultrapassar os problemas gerados sempre pelo sucesso, é necessário partir deste mesmo sucesso. O primeiro passo implica a disposição de aceitar os riscos envolvidos na tomada de decisões sobre dilemas complicados e perigosos:

- Qual é o melhor «compromisso» entre um ambiente mais limpo e o desemprego?
- Como impedir que a cruzada ambiental se torne uma guerra dos ricos contra os pobres, um novo e particularmente terrível «imperialismo racista branco»?
- O que podemos fazer para harmonizar as necessidades ambientais mundiais com as necessidades políticas e económicas de outros países, e impedir que a liderança ocidental se transforme em agressão ocidental?

- Como atingir o equilíbrio menos agonizante dos riscos entre os danos ambientais e a fome maciça das crianças pobres, ou entre os danos ambientais e as epidemias em grande escala?

## Um crime ambiental?

Há mais de 20 anos, três jovens engenheiros químicos vieram procurar o meu conselho. Trabalhavam para uma das grandes empresas químicas, e os seus gestores haviam-lhes pedido que percebessem que novos tipos de fábricas deviam ser instalados na Virgínia Ocidental, onde a pobreza era galopante. Os três jovens haviam concebido um plano a longo prazo para a criação sistemática de emprego, mas que incluía um projeto acerca do qual a administração tinha fortes dúvidas — uma fábrica de ferroliga a ser instalada numa das zonas mais pobres onde quase toda a gente estava desempregada. Criaria 1500 postos de trabalho numa pequena cidade moribunda de 12 mil pessoas e outros 800 postos de trabalho para mineiros de carvão desempregados — empregos limpos, saudáveis e seguros, visto que as novas escavações seriam minas de superfície.

Mas a fábrica teria de utilizar um processo obsoleto e com elevados custos, o único para o qual as matérias-primas estavam localmente disponíveis. Seria então marginal tanto em custos como em qualidade de produto. Além disso, seria um processo particularmente sujo, e a implementação dos melhores controlos de poluição disponíveis torná-lo-ia ainda menos económico. No entanto, era a única fábrica que poderia ser instalada na área mais necessitada. O que é que eu pensei?

Disse «Esqueçam» — o que não era, obviamente, aquilo que os três jovens queriam ouvir e não foi o conselho que seguiram.

Como alguns leitores terão certamente percebido, esta é a história que precedeu o que se tornou num famoso «crime ambiental», a fábrica Union Carbide em Marietta, no Ohio. Quando foi inaugurada em 1951, a fábrica era uma «pioneira ambiental». Os seus purificadores capturavam três quartos das partículas libertadas pelos fornos de fusão; o padrão na altura era metade disso, ou menos. As suas chaminés suprimiam mais cinzas volantes do que as de qualquer outra central elétrica até então construída, etc.

No entanto, dez anos depois, a fábrica tornou-se um poluente insuportável para Vienna, na Virgínia Ocidental, a pequena cidade do outro lado do rio cujo desemprego deveria ser aliviado pela construção da fábrica. E durante os cinco anos seguintes, a cidade e a Union Carbide lutaram como animais selvagens. A Union Carbide acabou por perder. Mas, ao mesmo tempo que acatou as ordens federais e estatais para limpar um processo extremamente sujo, também anunciou que teria de despedir metade dos 1500 homens que trabalhavam então na fábrica — e isso era metade das pessoas empregadas em Vienna. A mudança para o carvão mais limpo (já para não falar do abandono da mineração de superfície) também acabaria com os cerca de 800 empregos de mineração de carvão no buraco de pobreza desta parte desolada do país.

Existem muitas Viennas em todo o país, onde fábricas marginais são mantidas em funcionamento precisamente por serem o principal ou único empregador numa área deprimida e decadente. Deveria uma fábrica não económica encerrar, atirando os seus trabalhadores para os subsídios sociais? Deveria a fábrica ser financiada (o que claramente abriria caminho para que todos pusessem a mão na carteira pública)? Deveriam os padrões ambientais ser ignorados ou a sua aplicação adiada em casos de «carência»?

Se a preocupação com o ambiente começar a ser vista como um ataque à subsistência dos trabalhadores, é provável que a simpatia do público e o apoio político desapareçam. Não é demasiado descabido prever, daqui a poucos anos, a Nova Esquerda (ainda que envelhecida), os jovens preocupados nas universidades e os ministros numa marcha de protesto contra a «ecologia» e de apoio às «vítimas do ambientalismo burguês».

## Ecologia do Terceiro Mundo

Nos países pobres em desenvolvimento, onde os homens têm de lutar para obter um pouco de progresso no seu combate contra a miséria, qualquer indústria carrega o fardo pesado dos custos elevados e da baixa produtividade. Sobrecarregá-las ainda mais com os custos do controlo ambiental poderá levar à sua destruição. Além disso, o desenvolvimento nestes países — independentemente da sua tendência política ou organização social, tanto na China de Mao como na de Chiang Kai-shek, tanto no Vietname do Norte como no do Sul — não pode ocorrer sem os quatro maiores vilões ecológicos: um rápido aumento da energia elétrica, fertilizantes químicos e pesticidas, o automóvel e a grande siderurgia.

O facto de os países pobres verem estes vilões como salvadores económicos confronta-nos com escolhas políticas difíceis. Devemos ajudar estes países a obter o que querem (a industrialização), ou o que pensamos de que o mundo necessita (menos poluição)? Como evitar a acusação, em ambos os casos, de que a nossa ajuda é «imperialista»? Para complicar as coisas, existe um conflito crescente entre a preocupação ambiental e a soberania nacional. O ambiente não conhece fronteiras nacionais. Da mesma maneira que o *smog* da Inglaterra polui o ar da Noruega, também os resíduos químicos das minas de potássio francesas destroem os peixes do baixo Reno na Bélgica e na Holanda.

Apesar daquilo que as estatísticas dizem hoje, os Estados Unidos não são o pior poluidor do mundo. O Japão detém esta honra duvidosa por uma boa margem. Nenhuma cidade americana pode competir verdadeiramente em poluição do ar com Tóquio, Milão, Budapeste, Moscovo ou Düsseldorf. Nenhum rio americano serve tanto de esgoto ao ar livre como o baixo Reno, o Sena ou os rios da Ucrânia industrial, como o baixo Dniepre. E somos meros amadores no despejo de lixo para as autoestradas quando comparados com os italianos, dinamarqueses, alemães, franceses, suecos, suíços e austríacos — embora os japoneses, em especial quanto ao lixo deixado nas encostas das montanhas e nos parques de campismo, sejam claramente ainda mais «avançados».

Mesmo não sendo o pior poluidor, porém, os Estados Unidos são certamente o maior. Mais importante, como o mais rico, mais avançado e maior país industrial, é esperado que dê o exemplo. Se não iniciarmos a cruzada ambiental, mais ninguém o fará.

No entanto, teremos de nos certificar de que os outros países se juntam a nós. Na ausência de tratados e de regulações internacionais, alguns países — em especial os de tradições protecionistas, como o Japão, a França e até mesmo os Estados Unidos — podem sentir a tentação de impor padrões ecológicos às importações mais severos do que os que exigem dos seus próprios produtores. Por outro lado, países fortemente dependentes das exportações, em especial em África e na América Latina, podem tentar ganhar uma vantagem competitiva por uma imposição laxista dos padrões ambientais.

Uma solução poderia ser a ação da Nações Unidas no sentido de fixar regras uniformes que obriguem todos os seus membros a proteger o ambiente: e esta ação encontra-se agora, de facto, em análise oficial. Os Estados Unidos poderão ajudar ao alterarem as suas regulações de importação de maneira a bloquear produtos produzidos por poluidores flagrantes, dando o tempo suficiente para os países com graves problemas de pobreza e desemprego iniciarem as suas ações de limpeza. Encontramos um bom precedente para esta abordagem na nossa própria história. Há 40 anos, travámos os flagelos do trabalho infantil ao proibir o transporte no comércio interestadual de produtos produzidos por crianças.

Esta via, porém, exigirá uma prudência extraordinária. Se não conseguirmos convencer os outros países a juntarem-se a nós — e se nós próprios não dermos o exemplo —, podemos muito bem voltar a ser acusados de estarmos a tentar ser «polícias do mundo».

## Escolher os males menores

As decisões mais difíceis que nos esperam são ainda mais inéditas do que as que temos vindo a discutir. Que riscos com o ambiente é que nos podemos dar ao luxo de correr, e que riscos *não* nos podemos dar ao luxo de correr? Quais são os compromissos viáveis entre as várias necessidades do homem para a sobrevivência?

Hoje, por exemplo, não existem pesticidas seguros, e não existe nenhum no horizonte próximo. Podemos proibir o DDT, mas todos os substitutos até agora desenvolvidos têm propriedades extremamente indesejadas. No entanto, se tentarmos trabalhar sem pesticidas, estaremos a convidar enormes riscos de doença e fome pelo mundo fora. Em Ceilão, onde a malária foi outrora endémica, esta doença foi quase eliminada pela utilização em grande escala do DDT; no entanto, poucos anos depois de a pulverização ter sido eliminada, o país sofreu um ressurgimento quase explosivo da doença. Noutros países tropicais, avisa a Organização das Nações Unidas para a Alimentação e a Agricultura, as crianças correm o perigo de fome devido aos danos nas plantações causados pelos insetos e pelas pragas resultantes das restrições à pulverização. De forma semelhante, qualquer pessoa que tenha viajado recentemente na autoestrada da Nova Inglaterra ter-se-á apercebido de florestas inteiras desfolhadas pela lagarta-do-sobreiro, agora que se parou com a pulverização aérea.

Qual é o compromisso correto entre o risco de saúde de algumas mulheres que tomam a pílula e o risco de morte de outras devido a abortos? Como ponderar os perigos térmico e de radiação das centrais de energia nuclear em face da necessidade de mais energia elétrica para combater os outros tipos de poluição? Como devemos escolher entre cultivar mais alimentos para os milhões de pessoas em rápida multiplicação no mundo e proibir os fertilizantes que poluem os rios, os lagos e os oceanos?

Estas decisões não deveriam ser exigidas a seres humanos. Nenhuma das grandes religiões oferece orientação. Tão-pouco é oferecida pelos «ismos» modernos, do maoismo ao anarquismo popular entre os jovens. A crise ecológica obriga o homem a fazer de Deus. Apesar do facto de não estarmos à altura, não a podemos ignorar: os riscos inerentes à recusa em lidar com estes problemas são os maiores de todos. Temos de tentar, de algum modo, escolher alguma combinação de males menores; não fazer nada invoca uma catástrofe ainda maior.

## Por onde começar

A limpeza do ambiente requer um esforço firme e constante com metas e prazos claros. Requer, sobretudo, uma concentração do esforço. Até agora, temos tido uma difusão quase completa. Temos tentado fazer de tudo um pouco — e tentado fazê-lo nas manchetes —, quando o que deveríamos fazer primeiramente era definir uma lista de prioridades pela sua ordem correta.

No primeiro lugar desta lista estão algumas tarefas pequenas, mas claramente definidas e extremamente visíveis, que podem ser realizadas relativamente depressa sem necessidade de recursos importantes. Eliminar o risco da intoxicação pelo chumbo nos bairros de lata antigos poderá ser uma das ações prioritárias. Sabe-se bem o que há a fazer: queimar a velha tinta. Um número substancial de adolescentes negros desempregados poderia facilmente ser recrutado para fazer isto.

Assim que forem atingidos sucessos visíveis, começa a verdadeira tarefa de definição de prioridades. Então, perguntamos: (1) Quais são os maiores problemas que sabemos resolver; e (2) quais são os realmente enormes que ainda não sabemos resolver? O ar puro deveria provavelmente encabeçar a primeira lista. É um problema mundial, e que se agrava. Não temos todas as respostas, mas temos a competência tecnológica para lidar com a maior parte dos problemas atuais do ar poluído. Dentro de dez anos deveremos ter resultados reais dos nossos esforços.

Também dentro de dez anos deveremos obter resultados importantes na limpeza das águas em redor das grandes cidades industriais, e deveremos ter abrandado (se não travado) a poluição maciça dos oceanos, em especial nas águas junto às nossas cidades costeiras.

Quanto às prioridades na investigação, sugiro que a primeira seja no desenvolvimento de métodos contracetivos mais baratos, mais eficazes e mais aceitáveis para as pessoas de todas as culturas do que os que temos atualmente disponíveis. Em segundo lugar, precisamos de descobrir como produzir energia elétrica sem poluição térmica. Uma terceira prioridade é conceber métodos de cultivo para uma população mundial em rápido crescimento sem, ao mesmo tempo, provocar danos ecológicos irreversíveis através de pesticidas, herbicidas e fertilizantes químicos.

Enquanto não tivermos respostas, penso que o melhor será continuarmos a construir centrais elétricas e a cultivar alimentos com a ajuda de fertilizantes e outros químicos de controlo de insetos que possuímos atualmente. Os riscos são bem conhecidos, graças aos ambientalistas. Se não tivessem criado uma ampla consciencialização pública da crise ecológica, não teríamos qualquer hipótese. Mas esta consciencialização, por si mesma, é insuficiente. Os manifestos fervorosos e as profecias da desgraça já não são grandes ajudas, e a procura de bodes expiatórios só pode piorar a situação.

Aquilo de que necessitamos agora é de um programa de ação coerente e a longo prazo e de educação da população e dos nossos legisladores sobre os passos necessários para o executar. Temos de reconhecer — e, para isto, precisamos da ajuda dos ambientalistas — que não podemos fazer tudo ao mesmo tempo; que é necessário fazer escolhas dolorosas, o mais depressa possível, sobre o que deve ser abordado em primeiro lugar; e que qualquer decisão envolverá altos riscos e custos, em dinheiro e vidas humanas. Em muitos casos, terão de ser decisões tanto de consciência como de economia. Será melhor, por exemplo, arriscar a fome ou a poluição global da terra e da água? Qualquer caminho a seguir envolverá uma boa quantidade de experimentação — e isto significa que haverá fracassos. Qualquer caminho também exigirá sacrifícios, muitas vezes daqueles menos capazes de os suportar: os pobres, os pouco qualificados e os países subdesenvolvidos. Para que seja bem-sucedida, a cruzada ambiental precisa do apoio de todos os grandes grupos da nossa sociedade e da mobilização de todos os nossos recursos, materiais e intelectuais, durante anos de esforço duro, lento e muitas vezes desencorajador. De outro modo, não será apenas um fracasso: fragmentará as sociedades domésticas e internacionais em fações em conflito.

Agora que conseguiram despertar-nos para o nosso perigo ecológico, espero que os ambientalistas transfiram as suas energias para a segunda e mais difícil tarefa: educar o público para aceitar a escolhas que temos de enfrentar, e manter um esforço global para concretizar as decisões resultantes. O tempo para os sensacionalismos e manifestos já passou; precisamos agora de uma análise rigorosa, de um esforço unido e de trabalho muito árduo.

CAPÍTULO TRÊS

# Empresas e Tecnologia[5]

HÁ MAIS DE UM SÉCULO QUE A TECNOLOGIA tem ocupado as manchetes dos jornais — e nunca tanto como agora. No entanto, apesar de toda esta discussão sobre tecnologia, não tem havido muitos esforços para a entender ou estudar, muito menos para a gerir. Economistas, historiadores e sociólogos, todos sublinham a importância da tecnologia, mas depois tendem a tratá-la com uma «negligência benevolente», ou até com total desprezo. (Acerca deste assunto, ver a «Nota Histórica» no fim deste ensaio.)

Mais surpreendentemente, as empresas e os empresários têm feito extraordinariamente pouco para compreender a tecnologia e ainda menos para a gerir. As empresas modernas são, em grande medida, uma criação da tecnologia. É certo que a grande organização empresarial é essencialmente a resposta empresarial ao desenvolvimento tecnológico. A indústria moderna nasceu quando a nova tecnologia da geração energética — principalmente a energia da água, no início — obrigou as atividades de manufatura a deslocarem-se de casa e da oficina para debaixo do teto comum da «fábrica» moderna, começando com a indústria têxtil na Grã-Bretanha no século XVIII. E as raízes das grandes empresas atuais encontram-se no primeiro «grande negócio», a extensa ferrovia de meados do século XIX, ou seja, no desenvolvimento tecnológico. Desde então, as «indústrias em crescimento», as atuais empresas farmacêuticas e de computadores, têm sido em grande parte extensões das novas tecnologias.

Ao mesmo tempo, as empresas tornaram-se cada vez mais criadoras de tecnologia. A inovação tecnológica surge frequentemente no laboratório industrial e é tornada eficaz através e dentro da empresa. A tecnologia depende cada vez mais da empresa para se tornar «inovação», ou seja, para ter ação eficaz na economia e na sociedade.

No entanto, os gestores empresariais, ou pelo menos uma boa maioria deles, ainda vê a tecnologia como algo intrinsecamente «imprevisível». Do ponto de

---

5 Publicado originalmente em *Labor, Technology and Productivity*, org. Jules Backman (Nova Iorque: New York University Press, 1974).

vista organizacional e administrativo, a atividade tecnológica ainda tende a ser separada do trabalho principal da empresa e organizada como uma atividade de I&D isolada e diferente que, embora esteja na empresa, não faz realmente parte da empresa. E até há pouco tempo, os gestores empresariais, por regra, não se viam a si próprios como os guardiões da tecnologia nem se preocupavam de todo com os seus impactos e consequências.

Deve ser claro para todos os gestores empresariais que isto já não é adequado. De facto, a tese deste ensaio é que os gestores empresariais têm de aprender que a tecnologia é uma oportunidade administrativa e uma responsabilidade administrativa. Isto significa especificamente que:

1. A tecnologia não é mais misteriosa ou «imprevisível» do que os desenvolvimentos na economia e na sociedade. É capaz de e exige previsões racionais. Os gestores empresariais têm de entender as dinâmicas da tecnologia. Pelo menos, têm de entender onde é mais provável que a mudança tecnológica tenha maior impacto e como a converter em resultados económicos.
2. A tecnologia não está separada da empresa e não pode ser gerida como tal, se for gerida de todo. Seja qual for o papel dos departamentos de I&D e dos laboratórios de investigação, toda a empresa tem de ser organizada como uma organização inovadora e tem de ter a capacidade de inovação tecnológica (mas também social e económica). Isto requer mudanças importantes na estrutura, na política e na atitude.
3. O gestor empresarial tem de se preocupar com os impactos e as consequências da tecnologia no indivíduo, na sociedade e na economia, tal como todos os outros impactos e consequências das suas ações. Isto não se refere à «responsabilidade social» — ou seja, a responsabilidade por aquilo que acontece na sociedade (por exemplo, problemas com as minorias). Trata-se da responsabilidade pelo impacto das ações de cada um. E cada um é sempre responsável pelo seu próprio impacto.

Nestes últimos dez anos, tem-se verificado um «desencanto com a tecnologia». Não é de modo algum o primeiro na história recente (de facto, outros «desencantos» ocorreram regularmente a cada cerca de 50 anos, desde meados do século XVIII). O que é certo, porém, é que a tecnologia será mais importante nas últimas décadas deste século e, além disso, virá a sofrer mais mudanças do que nas décadas recentes. Necessidades tão importantes como a crise energética, a crise ambiental e os problemas da sociedade urbana moderna tornam isto completamente garantido. De facto, podemos prever, com alta probabilidade, que os próximos 25 anos assistirão a tantas, e tão céleres, mudanças tecnológicas quanto a «época heroica» das invenções, os 60 anos entre meados do século XIX e o início da Primeira Guerra Mundial. Neste período, que se iniciou em 1856 com a descoberta dos corantes de anilina por Perkin e com o desenho de Siemens do primeiro dínamo funcional, e que terminou em 1911 com a invenção do tubo de vácuo e, com este, a eletrónica moderna, nasceu o mundo «moderno» de hoje — e até o mundo «pós-moderno» de amanhã. Nesta «época heroica», surgia uma nova invenção importante em média a cada 15 a 18 meses, seguida quase imediatamente pelo surgimento de uma nova indústria baseada nessa invenção. Os próximos 25 ou 30 anos, muito provavelmente, assemelhar-se-ão muito mais a este período de finais do século XIX do que aos 50 anos após a Primeira Guerra Mundial, que, do ponto de vista tecnológico, foram anos de aperfeiçoamento e de modificação em vez de invenção. Para as empresas e os empresários que mantiverem a atitude tradicional em face da tecnologia, a atitude que a vê como algo «misterioso», algo «externo», e algo pelo qual outros são responsáveis, a tecnologia tornar-se-á então uma ameaça de morte. No entanto, para as empresas e os empresários que aceitarem que a tecnologia é a *sua* ferramenta, mas também a sua responsabilidade, a tecnologia será uma enorme oportunidade.

## Antecipar e planear a tecnologia

A «imprevisibilidade da tecnologia» é um velho chavão. De facto, em boa medida, está na base do amplo «medo da tecnologia». Mas não é sequer verdade que a *invenção* é impossível de ser prevista e planeada. De facto, os «grandes inventores» do século XIX — Edison, Siemens ou os irmãos Wright — tornaram-se «grandes» porque foram capazes de antecipar a tecnologia, de definir o que era necessário e que teria verdadeiro impacto, e de planear a atividade tecnológica para a inovação específica que teria o maior impacto tecnológico — e, como resultado, o maior impacto económico.

A respeito da «inovação», é ainda mais verdade que podemos antecipar e planear; de facto, temos de antecipar e planear para conseguirmos algum efeito. E, obviamente, é com a «inovação» e não com a «invenção» que o empresário se preocupa. A inovação não é um termo técnico, mas social e económico. É uma mudança na capacidade de produção de riqueza de recursos através de novas maneiras de fazer as coisas. Não é idêntica à «invenção», apesar de frequentemente partir desta. É com o impacto na capacidade económica, a capacidade de produzir e utilizar recursos, que a «inovação» se relaciona. E esta é a área de intervenção das empresas.

Devemos dizer que a tecnologia não é mais «previsível» do que qualquer outra coisa. De facto, as previsões sobre tecnologia são, quando muito, inúteis e é provável que sejam completamente enganosas. Júlio Verne, o autor de ficção científica de há um século, é hoje recordado pelas suas previsões que se revelaram incrivelmente proféticas. O que é esquecido é que Júlio Verne foi apenas um de centenas de autores de ficção científica de finais do século XIX — que foi realmente muito mais uma época de escrita de ficção científica do que a década atual. E os outros 299 autores de ficção científica da altura, cuja popularidade frequentemente igualava ou por vezes excedia a de Júlio Verne, estavam completamente errados. Mais importante, porém, é que, nessa altura, ninguém podia ter feito nada com as previsões de Júlio Verne. Para a maioria destas, os fundamentos científicos necessários para a criação da tecnologia prevista ainda não existiam e só viriam a surgir muitos anos depois.

Para o empresário — mas também para o economista ou para o político —, o que importa não é a «previsão», mas a capacidade de agir. E esta não se pode basear na «previsão».

Mas a tecnologia pode ser antecipada. Não é demasiado difícil, embora não seja fácil, analisar as empresas existentes, as indústrias existentes, as economias e mercados existentes, e perceber onde uma mudança tecnológica é necessária e provável de se revelar economicamente eficaz. É um pouco menos fácil, embora ainda bem dentro dos limites humanos, pensar nas áreas em que existe um alto potencial para tecnologias novas e eficazes.

Podemos dizer categoricamente, desde logo, que sempre que uma indústria tem uma procura elevada e em crescimento, sem ter capacidade de apresentar uma rentabilidade correspondente, há necessidade de grande mudança tecnológica e oportunidade para isso. Pode dizer-se, quase axiomaticamente, que essa indústria possui tecnologia desadequada, pouco económica ou simplesmente inapropriada. Exemplos destes sectores seriam a indústria siderúrgica nos países desenvolvidos desde a Segunda Guerra Mundial ou a indústria do papel. Estas são indústrias nas quais se pode esperar que mudanças bastante pequenas no processo, ou seja, mudanças bastante pequenas na tecnologia, produzam mudanças enormes na economia da indústria. Por conseguinte, são indústrias que se podem tornar «propensas à tecnologia». O processo é economicamente insuficiente ou tecnicamente insuficiente, e por vezes ambos.

Também podemos encontrar «vulnerabilidades» e «limitações» que providenciam oportunidades para nova tecnologia na economia de uma empresa, no mercado e na estrutura do mercado. As questões são as seguintes: Quais são as exigências do cliente e do mercado que a empresa atual e a tecnologia atual não conseguem satisfazer adequadamente? E quais são as exigências não satisfeitas do cliente e do mercado? Por outras palavras, as questões básicas subjacentes ao planeamento de mercado são também as questões básicas para definir que tecnologias são necessárias, apropriadas e prováveis de produzir resultados económicos com o mínimo de esforço.

Uma maneira particularmente frutuosa de identificar áreas em que as inovações tecnológicas podem ser acessíveis e extremamente produtivas é perguntar: «O que tememos nesta empresa e nesta indústria? Quais são as coisas que todos afirmam que "nunca vão acontecer", mas que sabemos perfeitamente que podem acontecer e que podem então ameaçar-nos? Por outras palavras, como é que nós próprios sabemos, no fundo do nosso coração, que os nossos produtos, a nossa tecnologia, toda a nossa abordagem à satisfação que fornecemos ao mercado e ao cliente, já não são apropriados e já não cumprem completamente a sua função?» A resposta típica de uma empresa a estas questões é negar que tenham validade. É responsabilidade do administrador que pretende gerir a tecnologia para o benefício da sua empresa e da sua sociedade superar esta resposta quase reflexa e obrigar-se a si próprio e à sua empresa a levarem estas questões a sério. O que é necessário não é sempre nova tecnologia. Poderá ser também uma mudança para novos mercados ou novos canais de distribuição. No entanto, se esta questão não for colocada, as oportunidades tecnológicas serão perdidas e serão, de facto, mal interpretadas como «ameaças».

Estas abordagens, que só podemos esboçar neste ensaio, aplicam-se tanto às necessidades da sociedade quanto às necessidades do mercado. Afinal de contas, cabe ao empresário converter a necessidade, seja a do consumidor individual ou a da comunidade, em oportunidades de negócio. É pela identificação e satisfação desta necessidade que as empresas e os empresários são pagos. Os maiores problemas atuais, sejam eles a cidade, o ambiente ou a energia, também são oportunidades para a nova tecnologia e para converter a tecnologia existente em ação económica eficaz. Ao mesmo tempo, os empresários que gerem tecnologia também têm de começar pelas necessidades das suas próprias empresas de novos produtos, novos processos, novos serviços, a fim de substituir o que se está a tornar rapidamente velho e obsoleto, ou seja, para substituir o presente. Assim, para identificar necessidades e oportunidades tecnológicas também se deve partir do princípio de que, provavelmente, tudo o que a empresa está a fazer no presente ficará obsoleto muito em breve.

Esta abordagem pressupõe uma vida limitada e relativamente curta para todos os produtos, processos e tecnologias que são agora aplicados. Estabelece então uma «lacuna», ou seja, o volume de vendas que os produtos e processos ainda não existentes terão de preencher em dois, cinco ou dez anos. Identifica assim o âmbito e a extensão do esforço tecnológico necessário, mas também estabelece o tipo de esforço necessário. Isto porque determina a razão por que os produtos e processos atuais se tornarão provavelmente obsoletos, e estabelece as especificações para a sua substituição.

Por último, para poder antecipar a tecnologia, identificar o que é necessário e o que é possível, e, sobretudo, a tecnologia que será provavelmente produtiva, o gestor empresarial tem de entender as dinâmicas da tecnologia. Não é verdade que a tecnologia seja «misteriosa». Segue tendências bastante regulares e muito previsíveis. Não é, como se diz muitas vezes, «ciência». Não é sequer «aplicação da ciência». Mas, de facto, começa com novo conhecimento, que é depois, por um processo razoavelmente bem entendido, convertido em aplicação eficaz, ou seja, economicamente produtiva.

## A velocidade da tecnologia

Hoje, é habitual dizer que a tecnologia se move à velocidade da luz, comparada com as épocas passadas. Não há provas para esta afirmação. Também se diz que o novo conhecimento é convertido muito mais rapidamente em nova tecnologia do que em qualquer outra época passada. Isto é comprovadamente falso. De facto, há provas substanciais de que, hoje, o novo conhecimento, e em especial o novo conhecimento científico, demora mais tempo a ser convertido do que demorava no século XIX — e até no século XVIII e antes. Há um tempo de ciclo, e é bastante longo.

Passaram cerca de 20 anos desde a conceção do primeiro dínamo eficaz de Siemens até ao desenvolvimento por Edison da lâmpada de luz elétrica, que possibilitou pela primeira vez uma indústria elétrica. Passou pelo menos o mesmo tempo, de facto podem ter passado mais anos, desde a conceção do primeiro computador funcional em inícios dos anos 1940 até à produção de computadores realmente eficazes — e mais até ao desenvolvimento do *software* sem o qual um computador é (tal como o a primeira empresa elétrica) mais um «centro de custos» do que um produtor de riqueza e de ativos económicos. E existem inúmeros exemplos semelhantes. O tempo de ciclo para a conversão do novo conhecimento em tecnologia eficaz varia fortemente entre as indústrias. É provavelmente mais curto na indústria farmacêutica; mas, mesmo aqui, está mais perto dos dez anos do que dos dez meses. E, em qualquer sector, o tempo de ciclo parece ser relativamente constante.

O que encurtou foi o tempo entre a introdução de nova tecnologia no mercado e a sua aceitação generalizada. Demora menos tempo a estabelecer-se uma posição pioneira, menos ainda uma de liderança. Mas, ainda assim, o «tempo de ciclo» não encurtou tão dramaticamente quanto a maioria das pessoas, incluindo a maioria dos empresários, pensa. Tanto para a lâmpada de luz elétrica como para o telefone, ou seja, para os anos de 1880, o tempo de ciclo entre uma invenção tecnológica bem-sucedida e a aceitação generalizada — de facto, global — foi apenas de alguns meses. Cinco anos depois de Edison ter exibido a sua lâmpada elétrica aos jornalistas convidados, todas as grandes empresas elétricas que hoje existem no mundo ocidental (à exceção da Philips na Holanda) já estavam estabelecidas e eram líderes nos seus próprios mercados. E o mesmo se verificou com o telefone e o equipamento telefónico.

Por outras palavras, cabe ao empresário perceber qual é o novo conhecimento que está a tornar-se aceitável e disponível, avaliar o seu possível impacto tecnológico e trabalhar na sua conversão em tecnologia — ou seja, em processos e produtos. Para isso, não tem de conhecer apenas a ciência e a tecnologia da sua área. Tem de saber, sobretudo, que grandes «avanços» tecnológicos surgem muitas vezes, e até habitualmente, numa área da ciência ou de conhecimento diferente daquela em que se encontravam os fundamentos do conhecimento da antiga tecnologia. Neste sentido, a abordagem típica à «investigação», ou seja, a abordagem do desenvolvimento de competências especializadas na área em que um indivíduo já é ativo, é provavelmente mais uma barreira à liderança tecnológica do que o seu pilar principal, como normalmente se pensa. Por outras palavras, o que é necessário é um «tecnologista» em vez de um «cientista». E, em muitos casos, um leigo, com uma boa «sensibilidade» para a ciência e a tecnologia e com um interesse intelectual genuíno, faz isto muito melhor do que o especialista altamente qualificado numa área técnica ou científica, que pode tornar-se prisioneiro do seu próprio conhecimento avançado.

Não é necessário, e nem é desejável, que o empresário se transforme num «cientista» ou mesmo num «tecnologista». O seu papel é ser o gestor da tecnologia. Isto requer uma compreensão do processo da tecnologia e das suas dinâmicas. Requer a disposição de antecipar a tecnologia do futuro e, especialmente, a disposição de aceitar que a tecnologia atual, com os seus processos e produtos, está a tornar-se rapidamente obsoleta. Requer a identificação das necessidades de nova tecnologia e das oportunidades para esta, as vulnerabilidades e limitações da empresa, as necessidades do mercado e as necessidades da sociedade. Acima de tudo, requer reconhecer o facto de que a tecnologia tem de ser considerada uma grande oportunidade de negócio, por cuja identificação e exploração o empresário é pago.

## A organização inovadora

O próximo quarto de século, como já dissemos, exigirá provavelmente mais inovação e mudança tecnológicas do que aquelas a que alguma vez assistimos. Grande parte disto, porém, em forte contraste com o século XIX, terá de ser realizado por e dentro de organizações estabelecidas, e especialmente em e por empresas estabelecidas.

Não é verdade, como se diz frequentemente, que «as grandes empresas monopolizam a inovação». Pelo contrário, os últimos 25 anos foram predominantemente um período em que as pequenas empresas e, em muitos casos, empresas novas e totalmente desconhecidas produziram grande parte das inovações mais eficazes. A Xerox não passava de uma pequena vendedora de papel ainda em finais de 1950. Até a IBM ainda era uma empresa anã, mesmo no seu próprio sector de equipamentos de escritório, na altura da Segunda Guerra Mundial. Muitos dos atuais gigantes farmacêuticos eram pequenas empresas no final da Segunda Guerra Mundial ou nem sequer existentes.

Contudo, os maiores esforços na mudança tecnológica são cada vez mais no desenvolvimento e na introdução no mercado. Estes não requerem «genialidade»; requerem grande número de pessoas competentes e grandes somas de capital. Estes dois elementos, de facto, encontram-se nas instituições estabelecidas, sejam empresas ou o governo.

De um modo geral, as empresas existentes têm de se transformar em organizações inovadoras. Durante os últimos 50 a 75 anos, a nossa ênfase tem sido, apropriadamente, na gestão do que já é conhecido e compreendido. Isto porque a velocidade da inovação tecnológica — e a velocidade da mudança económica — nestes últimos 75 anos foi, ao contrário da crença popular, particularmente lenta.

Agora, as empresas têm de voltar a tornar-se empreendedoras. E a função empreendedora, como foi visto claramente pelo grande economista europeu continental J. B. Say (1767–1832) há quase dois séculos, consiste em mudar os recursos existentes das áreas de menor produtividade para as áreas de maior produtividade. É criar riqueza não pela descoberta de novos continentes, mas pela descoberta de novas e melhores utilizações para os recursos existentes e para os potenciais económicos já conhecidos e explorados. E a tecnologia, embora não seja a única ferramenta para este fim, é uma ferramenta importante e poderá ser até a mais importante.

A grande tarefa das empresas pode ser definida como uma forma de contrariar a «lei da entropia» específica de qualquer sistema económico: a lei da produtividade decrescente do capital. Foi nesta «lei» em que Karl Marx baseou a sua previsão da morte iminente do «sistema burguês». No entanto, o capital não só não se tornou menos produtivo como tem aumentado constantemente a sua produtividade nos países desenvolvidos — ao contrário da alegada «lei». Mas Karl Marx estava correto na sua premissa. Deixada entregue a si própria, qualquer economia se moverá, de facto, em direção a uma diminuição decrescente da produtividade do capital. A única maneira de impedir que se torne entrópica, a única maneira de prevenir que se degrade numa rigidez estéril, é a renovação constante da produtividade do capital através do empreendedorismo — ou seja, por meio da mudança dos recursos de uso menos produtivo para um uso mais produtivo. Assim, isto torna a tecnologia tanto mais importante quanto mais tecnologicamente desenvolvidas forem uma sociedade e uma economia.

Nos próximos 25 anos, quando o mundo tiver de lidar com um problema demográfico, um problema energético, um problema de recursos e um problema da comunidade básica, ou seja, a cidade, esta função tornar-se-á, provavelmente, cada vez mais crítica — independentemente, aliás, da estrutura política, social ou económica de uma economia desenvolvida, ou seja, independentemente de o «sistema» ser «capitalista», «socialista», «comunista» ou outra coisa qualquer.

Isto exigirá que os empresários aprendam a construir e a gerir uma organização inovadora. Normalmente, a organização inovadora é discutida em termos de «criatividade» e de «atitudes». O que requer, porém, são políticas, práticas e estrutura. Requer, em primeiro lugar, que a administração antecipe as necessidades tecnológicas, que as identifique, que as planeie e trabalhe para as satisfazer. Requer, em segundo lugar, e talvez mais importante, que a administração abandone sistematicamente o passado.

A «criatividade» é, essencialmente, uma desculpa para não fazer nada. O problema na maioria das organizações que são incapazes de inovação e de autorrenovação é não conseguirem abandonar o que é velho, ultrapassado, o que já não é produtivo. Pelo contrário, tendem a afetar-lhe os seus melhores recursos, em especial o melhor pessoal. E qualquer corpo incapaz de eliminar os seus produtos residuais tóxicos acaba por se envenenar. O que é necessário para tornar inovadora uma organização é uma política sistemática de abandono daquilo que já não é verdadeiramente produtivo, daquilo que já não contribui. A organização inovadora requer, acima de tudo, que todos os produtos, todos os processos, todas as atividades, sejam periodicamente sujeitos a um «julgamento pela vida» — talvez a cada dois ou três anos. Deve ser colocada a questão: «Se ainda não estivéssemos já a fazer isto, começaríamos agora a fazê-lo, sabendo o que sabemos agora?» E se a resposta for «Não», então é preciso perguntar: «Devemos abandoná-lo?» E, depois, perguntamos: «Como podemos abandonar isto, e o quão rápido?».

A organização, seja ela uma empresa, uma universidade ou uma agência governamental, que abandona sistematicamente o passado, não precisa de se preocupar com a «criatividade». Terá um apetite tão saudável pela novidade que a tarefa principal da administração será selecionar, entre o grande número de boas ideias, aquelas com o maior potencial de contribuição e o maior potencial de concretização bem-sucedida.

Mas, além disto, a organização inovadora precisa de políticas específicas. Necessita de sistemas de avaliação e de informação adequados à realidade económica da inovação — e uma «taxa de retorno do investimento» regular, moderada e contínua é um indicador errado. A inovação, por definição, é apenas um custo durante vários anos, antes de produzir um «lucro». Começa por ser um investimento, e só muito tempo depois é um retorno. Mas isto também significa que a taxa de retorno deverá ser bastante maior do que a «taxa de retorno» mais alta planeada pelos gestores num estilo administrativo de empresa. Precisamente porque o ciclo de tempo é longo e a taxa de insucesso alta, a inovação bem-sucedida numa organização inovadora tem de visar criar um novo negócio com o seu potencial para a criação de riqueza, em vez de uma adição boa e agradável ao que já temos e ao que já fazemos.

Por último, temos de entender que o trabalho inovador não pode ser organizado e realizado dentro dos elementos administrativos, ou seja, as unidades que se ocupam principalmente com o trabalho de hoje e do futuro muito próximo. Tem de ser organizado separadamente, com diferentes princípios estruturais e diferentes componentes estruturais. Especialmente, as exigências de autodisciplina administrativa e de clareza de direção e objetivos são muito mais elevadas no trabalho inovador e têm de ser alargadas a um grupo muito maior de pessoas. Por conseguinte, a organização inovadora, embora seja organicamente parte da atividade existente, tem de ser estrutural e administrativamente separada. Os empresários, de maneira a serem capazes de construir e liderar organizações inovadoras, precisão assim de fazer as duas coisas: gerir o que já é conhecido e criar o novo e desconhecido. Terão de conseguir otimizar a atividade existente e maximizar a atividade potencial.

Para a maioria dos empresários, trata-se de ideias estranhas e, de facto, algo assustadoras. Mas existem muitas empresas verdadeiramente inovadoras — em quase todos os países — que demonstram que a tarefa pode ser realizada, e que isto é eminentemente fazível. De facto, o que é essencialmente necessário é o reconhecimento — até agora em falta na maior parte da mentalidade administrativa e em quase toda a literatura de gestão — de que a organização inovadora é distinta e diferente, e que não é apenas uma organização administrativa ligeiramente modificada.

## Responsabilidade pelo impacto da tecnologia

Todos são responsáveis pelo impacto das suas próprias ações. Este é um dos princípios mais antigos da lei. Aplica-se também à tecnologia. Hoje, fala-se muito de «responsabilidade social». Mas é claro que a grande questão não é a responsabilidade pelo que a sociedade faz, mas sim a responsabilidade pelo que cada um faz. Assim, a tecnologia tem de ser considerada como um dos aspetos da responsabilidade do empresário pelos impactos sociais das suas ações. Em particular, há a questão dos «impactos secundários», ou seja, os impactos que não fazem parte da função específica do processo ou do produto, mas que, inevitavelmente ou não, ocorrem de forma não intencional, sem nada acrescentarem à contribuição pretendida ou desejada, e, de facto, com custo adicional — visto que qualquer efeito secundário não convertido em «produto comercializável» é, na prática, um desperdício e, portanto, um custo.

A questão da responsabilidade da empresa pelos seus impactos sociais é muito importante. E os impactos da tecnologia, por muito que sejam hoje publicitados, encontram-se entre os menos importantes. Mas podem ser substanciais. Assim, o empresário tem de ponderar quais são as suas responsabilidades e como deve lidar com elas.

Existe, atualmente, um grande interesse na «avaliação da tecnologia», ou seja, na antecipação dos impactos e efeitos secundários da nova tecnologia *antes* de ser utilizada. O Congresso dos Estados Unidos criou até um Gabinete para a Avaliação da Tecnologia. Espera-se que esta nova agência seja capaz de prever quais serão as *novas tecnologias* que se tornarão importantes, e quais serão os seus efeitos prováveis a longo prazo. Deverá então aconselhar o governo sobre quais novas tecnologias deve apoiar e quais deve desencorajar, ou até proibir de todo.

Este esforço só pode resultar em fracasso. É provável que este tipo de «avaliação da tecnologia» conduza ao encorajamento das tecnologias erradas e ao desencorajamento das tecnologias de que necessitamos. Isto porque os impactos *futuros* da *nova* tecnologia estão quase sempre além da imaginação de qualquer pessoa.

Um exemplo é o DDT. Foi sintetizado durante a Segunda Guerra Mundial para proteger os soldados americanos dos insetos vetores de doenças, em especial nas zonas tropicais. Alguns dos cientistas pensaram então que o novo químico também poderia proteger as populações civis. Mas nenhum dos muitos homens que trabalharam no DDT pensou em aplicar o novo pesticida ao controlo das infestações de insetos que afetavam as plantações, as florestas ou o gado. Se o DDT tivesse sido limitado à utilização para que foi desenvolvido, para a proteção dos seres humanos, nunca se teria tornado um perigo ambiental; a sua utilização para este fim não representou mais de cinco ou dez por cento do total no auge do DDT, em meados dos anos 1960. Os agricultores e silvicultores, sem grande ajuda dos cientistas, perceberam que aquilo que matava os piolhos nos homens também poderia matar os piolhos nas plantas, e fizeram do DDT um enorme agressor do ambiente.

Outro exemplo é a «explosão demográfica» nos países em desenvolvimento. O DDT e outros pesticidas contribuíram para isto, bem como os novos antibióticos. No entanto, ambos foram desenvolvidos de maneira bastante independente uns dos outros; e ninguém que «avaliasse» estas tecnologias poderia ter previsto a sua convergência — de facto, ninguém o fez. No entanto, mais importantes como fatores contribuidores para a redução drástica da mortalidade infantil, que desencadeou a «explosão demográfica», foram duas «tecnologias» muito antigas a que ninguém prestava atenção. Uma foi a medida de saúde pública básica de manter separados as latrinas e os poços, já conhecida pelos Macedónios antes de Alexandre Magno. A outra foi a rede metálica para as portas e janelas inventada por um americano desconhecido por volta de 1860. Ambas foram subitamente adotadas após a Segunda Guerra Mundial até mesmo pelas aldeias tropicais mais atrasadas. Em conjunto, foram provavelmente as principais «causas» da «explosão demográfica».

Ao mesmo tempo, os «impactos tecnológicos» previstos pelos «especialistas» quase nunca ocorrem. Um exemplo é a «explosão dos voos privados» prevista pelos especialistas durante e pouco depois da Segunda Guerra Mundial. Dizia-se que o avião privado, pilotado pelo seu proprietário, se tornaria tão comum quanto o automóvel Modelo T da altura da Primeira Guerra Mundial. De facto, «especialistas» planeadores urbanos, engenheiros e arquitetos aconselharam a cidade de Nova Iorque a não dar continuidade ao segundo túnel Lincoln, ou ao segundo tabuleiro da ponte George Washington, aconselhando, em vez disso, a construção de vários pequenos aeroportos ao longo da margem ocidental do rio Hudson. Alguns cálculos bastante simples teriam refutado esta «avaliação tecnológica» — não há espaço aéreo suficiente para o tráfego urbano aéreo. Mas isto não ocorreu a nenhum dos «especialistas»: ninguém se deu conta do quão finito era o espaço aéreo. Ao mesmo tempo, quase nenhum «especialista» previu a expansão do tráfego aéreo comercial na época em que o avião a jato foi desenvolvido pela primeira vez, ou que levaria ao transporte aéreo em massa, com tantas pessoas a atravessarem o Atlântico num avião jumbo doze vezes por dia quantas as que outrora o atravessavam uma vez por semana num grande navio de passageiros. Na verdade, previa-se um crescimento rápido do transporte transatlântico, mas, obviamente, com navios. Estes foram os anos em que todos os governos do Atlântico Norte financiaram fortemente a construção de novos navios extremamente luxuosos, ao mesmo tempo que os passageiros abandonavam o transatlântico e mudavam para o novo avião a jato.

Alguns anos depois, toda a gente dizia que a «automatização» teria enormes impactos económicos e sociais, mas não teve praticamente nenhum. O computador proporciona uma história ainda mais estranha. Em finais dos anos 1940, ninguém previa que o computador viesse a ser usado por empresas e governos. Embora o computador fosse uma «enorme revolução científica», todos «sabiam» que a sua principal utilização seria na ciência e na guerra. Como resultado, o maior estudo de mercado da época chegou à conclusão de que o mercado dos computadores seria capaz de, no máximo, absorver 1000 computadores por volta do ano 2000. Apenas 20 anos depois, havia cerca de 150 mil computadores instalados em todo o mundo, a maioria a realizar trabalhos mundanos de contabilidade.

Poucos anos depois, quando se tornou óbvio que as empresas estavam a comprar computadores para faturação e cobranças, os «especialistas» previram que o computador iria eliminar os «quadros administrativos médios», de maneira que não restaria ninguém entre o CEO e o supervisor. «Estarão os quadros médios obsoletos?» perguntava um artigo amplamente citado da Harvard Business Review em inícios dos anos 1950; e respondia a esta questão com um estrondoso «Sim». Nesse momento exato, começou a expansão enorme dos empregos dos quadros médios. Em todos os países desenvolvidos, os quadros médios, tanto nas empresas como no governo, cresceram cerca de três vezes mais depressa do que o emprego total nos últimos 20 anos; e este crescimento foi paralelo ao crescimento da utilização do computador.

Qualquer pessoa que dependesse da «avaliação tecnológica» em inícios dos anos 1950 teria abolido as escolas superiores de gestão por produzirem licenciados que não conseguiriam arranjar emprego. Felizmente, os jovens não deram ouvidos e foram, em números recorde, para as escolas superiores de gestão a fim de obterem os bons empregos que o computador ajudou a criar.

No entanto, embora ninguém tenha previsto o impacto do computador nos quadros administrativos médios, todos os «especialistas» previam um impacto tremendo do computador na estratégia empresarial, na política empresarial, no planeamento e na alta administração. Contudo, o computador não teve o mínimo impacto em nenhuma destas áreas. Ao mesmo tempo, ninguém previu a verdadeira «revolução» na política empresarial e na estratégia de negócios nos anos 1950 e 1960, a onda de fusões e os «conglomerados».

## Dificuldade de previsão

Não é que o homem tenha tão poucos dotes de profecia a respeito da tecnologia como a respeito de tudo o resto. Na verdade, os impactos da tecnologia são mais difíceis de prever do que a maioria dos outros desenvolvimentos. Em primeiro lugar, como demonstra o exemplo da «explosão demográfica», os impactos sociais e económicos resultam quase sempre da convergência de um número substancial de fatores, nem todos tecnológicos. E cada um destes fatores tem a sua própria origem, o seu próprio desenvolvimento, a sua própria dinâmica e os seus próprios especialistas. O «especialista» numa área, por exemplo, o especialista em epidemiologia, nunca pensa em pragas nas plantas. O especialista em antibióticos interessa-se pelo tratamento das doenças — enquanto a verdadeira explosão da taxa de nascimentos resultou, em grande parte, de medidas de saúde pública elementares e há muito conhecidas.

Mas, de maneira igualmente importante, é impossível prever que tecnologia se tornará importante e terá impacto, e que tecnologia se irá esfumar — como o «Modelo T voador» — ou terá impactos sociais ou económicos mínimos — como a «automatização». É ainda mais difícil de prever que tecnologia terá impactos sociais e qual permanecerá apenas tecnologia. O mais bem-sucedido profeta da tecnologia, Júlio Verne, previu uma grande parte da tecnologia do século XX há 100 anos (embora poucos cientistas ou tecnologistas da época o tenham levado a sério). No entanto, não antecipou nenhum impacto social ou económico, mas antes uma sociedade e uma economia inalteradas de meados do período vitoriano. Os profetas económicos e sociais, por seu lado, têm o historial mais miserável como previsores da tecnologia.

O único efeito que um «Gabinete para a Avaliação da Tecnologia» poderá ter, portanto, será garantir emprego pleno para muitos autores de ficção científica de baixa categoria.

## A necessidade de monitorização da tecnologia

No entanto, o maior perigo é o de que a ilusão de podermos prever os «impactos» da nova tecnologia nos leve a ignorar a tarefa realmente importante. Isto porque a tecnologia tem de facto impactos, e sérios, tanto benéficos como prejudiciais. Estes não requerem profecias, mas uma monitorização cuidadosa do verdadeiro impacto da tecnologia quando esta se torna efetiva. Em 1948, praticamente ninguém previu corretamente os impactos do computador. Cinco ou seis anos depois, já eram vistos e conhecidos. Dizia-se então: «Seja qual for o impacto tecnológico, isto não é uma grande ameaça *social* e *economicamente* importante.» Em 1943, ninguém previa o impacto do DDT. Dez anos depois, o DDT tornou-se uma ferramenta global para os agricultores, silvicultores e criadores de gado e, assim, um importante fator ecológico. Então, ao pensarmos que ação deveria ter sido iniciada, deveríamos ter começado a trabalhar no desenvolvimento de pesticidas sem o enorme impacto ambiental do DDT e a confrontar-nos com os «compromissos» difíceis entre a produção de alimentos e os danos ambientais — que não são suficientemente considerados pela utilização ilimitada nem pela atual proibição completa do DDT.

A «monitorização da tecnologia» é uma tarefa séria, importante e vital. Mas não é uma «profecia». A única coisa possível a respeito da *nova* tecnologia é a *especulação* com a probabilidade de acertar uma em cada cem vezes — e uma probabilidade muito maior de provocar danos ao encorajar a tecnologia errada, ou desencorajar a tecnologia mais benéfica. O que é preciso observar é a tecnologia «em desenvolvimento», ou seja, a tecnologia que já teve impactos substanciais, suficientes para serem julgados, medidos ou avaliados. E a «monitorização» de uma tecnologia «em desenvolvimento» a respeito dos seus impactos sociais é, sobretudo, uma responsabilidade administrativa.

Mas o que deve ser feito depois de um impacto ter sido identificado? Idealmente, deverá ser eliminado. Idealmente, quanto menos impactos, menores são os «custos» a pagar, sejam verdadeiros custos empresariais, externalidades ou custos sociais. Idealmente, portanto, as empresas começam com o compromisso de converter a eliminação desse impacto numa «oportunidade de negócio».

E quando isto é possível, o problema desaparece, ou melhor, é transformado num negócio rentável e no tipo de contribuição pelo qual as empresas e os empresários são bem pagos. Mas quando não é possível, a empresa devia ter aprendido, como resultado dos últimos 20 anos, que a sua tarefa é ponderar que tipo de regulações são apropriadas. Mais tarde ou mais cedo, o impacto tornar-se-á inaceitável. Não adianta ouvir do departamento de relações públicas que o «público» não se preocupa com o impacto, que viria, de facto, a reagir negativamente a qualquer tentativa de lidar com o impacto. Mais tarde ou mais cedo, haverá então um «escândalo». A empresa que não trabalhou na antecipação do problema e na descoberta da solução correta, ou seja, da regulação correta, será então estigmatizada e penalizada — e com razão.

Isto não é popular de se dizer. O que é popular é afirmar que os problemas são óbvios. Não são. De facto, qualquer pessoa que tivesse tentado pedir regulações para diminuir a poluição do ar das centrais de energia elétrica há 20 ou até há 10 anos teria sido atacada como «inimigo do consumidor» e como alguém que, «em nome do lucro», queria tornar a eletricidade mais cara. (Esta foi, de facto, a atitude das comissões de regulação quando o problema lhes foi apresentado por algumas companhias de eletricidade.) Quando a Ford Motor Company, em inícios dos anos 1950, introduziu os cintos de segurança, quase perdeu o mercado. E as empresas farmacêuticas eram fortemente criticadas pelos profissionais médicos sempre que apontavam que os novos fármacos de alta potência exigiam um pouco mais de conhecimento de farmacologia, biologia e bioquímica do que aquilo que a maioria dos médicos gostaria de ter à sua disposição.

No entanto, penso que estes exemplos também demonstram que a atitude das «relações-públicas» é completamente inapropriada e, de facto, contraproducente. Demonstram que a negligência dos impactos e a disposição de aceitar que «ninguém se preocupa com isso» a não tão longo prazo penalizam muito mais a empresa do que a falta de disposição de ser impopular o poderia fazer.

Assim, na monitorização da tecnologia, os empresários não têm apenas de organizar um sistema de «alarme precoce» para identificar os impactos, e em especial os impactos indesejados e imprevistos. Tem também de trabalhar para os eliminar. A melhor maneira, repito, é transformar a eliminação destes impactos numa oportunidade de negócio rentável. Mas se não for possível fazê-lo, então é mais sensato ponderar qual será a regulação pública necessária e iniciar precocemente a educação do público, do governo e também dos próprios concorrentes e colegas da comunidade empresarial. De outro modo, a penalização será muito pesada — e a tecnologia de que necessitamos para lidar com os problemas centrais da sociedade «pós-industrial» sofrerá cada vez mais resistência.

## Conclusão

A tecnologia já não é certamente a Cinderela da administração, como foi durante muito tempo. Mas ainda está para ser decidido se será a bela e amada esposa do príncipe ou a madrasta má do conto de fadas. O caminho que seguir depende principalmente do empresário executivo e da sua capacidade e vontade de gerir a tecnologia. Mas o caminho que seguir também determinará o caminho a seguir pelas empresas. Isto porque necessitamos de nova tecnologia, tanto dos «avanços» importantes como das mudanças tecnologicamente menos relevantes, mas economicamente importantes e produtivas que raramente aparecem nos grandes títulos dos jornais. Se as empresas não os conseguirem fornecer, estas serão substituídas como instituição central — e merecerão ser substituídas. A gestão da tecnologia já não é uma atividade separada e subsidiária que possa ser deixada aos «excêntricos» da I&D. É uma tarefa administrativa central.

## Uma nota histórica

A ausência de qualquer estudo ou preocupação séria com a tecnologia entre as principais disciplinas académicas é realmente difícil de compreender. De facto, é tão intrigante que merece alguma discussão.

O economista do século XIX enfatizava sempre o papel central da tecnologia. Mas não fazia mais do que louvar a tecnologia. No seu sistema, relegava a tecnologia para o limbo nubloso das «influências externas», como os terramotos, os gafanhotos, o vento e as condições atmosféricas, e como tais, incompreensíveis, imprevisíveis e, de certo modo, não muito respeitáveis. A tecnologia podia ser utilizada para explicar fenómenos que não se encaixavam no modelo teórico do economista. Mas não podia ser utilizada como parte do modelo. O economista keynesiano do século XX não faz sequer a vénia formal à tecnologia que o seu antecessor do século XIX considerava apropriada. Simplesmente ignora-a. Existem, é claro, exceções. Joseph Schumpeter, o grande economista austro-americano, na sua primeira e mais célebre obra acerca da dinâmica do desenvolvimento económico, coloca o «inovador» no centro do seu sistema económico. Mas Schumpeter teve poucos sucessores. Entre os economistas vivos, só Kenneth Boulding, da Universidade do Colorado, parece dar alguma atenção à tecnologia. As principais escolas, sejam a keynesiana, a neokeynesiana ou a friedmaniana, prestam tão pouca atenção à tecnologia quanto o faziam as escolas de economistas pré-industriais, como os mercantilistas antes de Adam Smith. Mas têm muito menos desculpa para esta negligência da tecnologia.

Os historiadores, de uma forma geral, deram ainda menos atenção à tecnologia do que os economistas. A tecnologia era mais ou menos vista como não merecendo a atenção de um «humanista». Até os historiadores económicos só recentemente deram alguma atenção à tecnologia. O interesse na tecnologia como objeto de estudo para o historiador só começou com o livro de Lewis Mumford, *Technics and Civilizations* (Nova Iorque; Harcourt Brace, 1934). Só 25 anos depois é que se iniciou o trabalho sistemático no estudo da história da tecnologia, com a publicação em Inglaterra, em 1954–58, de *A History of Technology*, organizada por Charles Singer (Londres; Oxford University Press, 1954–58), em cinco volumes; e pouco tempo depois nos Estados Unidos com a fundação da Sociedade para a História da Tecnologia em 1958 e da sua revista, *Technology and Culture*. A relação entre a tecnologia e a história foi depois discutida no primeiro manual americano, *Technology in Western Civilization*, organizado por Melvin Kranzberg e Carroll W. Pursell, Jr. (Nova Iorque; Oxford University Press, 1967), 2 volumes, e no meu volume de ensaios: *Technology, Management & Society* (Nova Iorque: Harper & Row, 1970 (em especial nos ensaios «Trabalho e Ferramentas», publicado originalmente em *Technology and Culture* [inverno de 1959], «A Revolução Tecnológica», «Notas sobre a Relação entre Tecnologia, Ciência e Cultura», publicados originalmente em *Technology and Culture* [outono de 1961], e «A Primeira Revolução Tecnológica e as suas Lições», apresentado como discurso presidencial na Sociedade para a História da Tecnologia em dezembro de 1965, e publicado originalmente em *Technology and Culture* [primavera de 1966]). O medievalista californiano Lynn White, Jr. realizou um trabalho pioneiro sobre o impacto das mudanças tecnológicas na sociedade e na economia, em especial no seu livro *Medieval Technology and Social Change* (Londres: Oxford University Press, 1962). Mas a única obra que faz a tentativa bem-sucedida de integrar a tecnologia na história, em particular a história económica, é o livro recente do historiador económico de

Harvard, David S. Landes, *The Unbound Prometheus: Technological Change and Industrial Development in Western Europe: 1750 to the Present* (Londres: Cambridge University Press, 1969). Fora da anglofonia, apenas um historiador importante deu alguma atenção à tecnologia, o alemão Franz Schnabel na sua *Deutsche Geschichte im Neunzehnten Jahrhundert* (Friburgo: Herder, 1929–37).

Talvez ainda mais desconcertante é a atitude do sociólogo. Embora a palavra «tecnologia» remonte ao século XVII, tornou-se um termo amplamente utilizado como lema ou até manifesto dos primeiros sociólogos de finais do século XVIII. Chamar à primeira universidade técnica em 1794 *École Polytechnique* foi, por exemplo, uma declaração clara da importância central da tecnologia para a sociedade e para a estrutura social. E os primeiros pais da sociologia, em especial os grandes sociólogos franceses, Saint-Simon e Auguste Comte, consideravam, de facto, a tecnologia uma grande força libertadora na sociedade. Marx ainda faz algum eco a isto, mas, depois, relega a tecnologia para o reino dos fenómenos secundários. Desde então, os sociólogos tenderam a seguir Marx e a colocar a ênfase nas relações de propriedade, nas relações de familiaridade e em tudo o resto, mas não na tecnologia. Existem muitos motes, como o da «alienação», mas não foi realizado praticamente nenhum trabalho. E a tecnologia quase não é mencionada nas teorias sociológicas mais importantes do último século, ou seja, o século pós-Marx, de Max Weber a Marcuse, Levy-Bruhl, Lévi-Strauss e Talcott Parsons. Para o sociólogo, a tecnologia ou não existe de todo ou é um «vilão» não especificado.

Por outras palavras, os académicos ainda estão por iniciar o trabalho sobre a tecnologia, como maneira de o homem trabalhar; como extensão do equipamento físico limitado da criatura biológica que é o homem; como parte — uma parte importante — da história intelectual do homem e da conquista intelectual; e como conquista humana que, por sua vez, influencia profundamente a condição humana. No entanto, o empresário não pode esperar pelos académicos. Tem de gerir a tecnologia agora.

CAPÍTULO QUATRO

# Multinacionais e Países em Desenvolvimento[6]

## *Mitos e realidades*

## I

HÁ QUATRO PRESSUPOSTOS COMUNS na discussão das multinacionais e dos países em desenvolvimento — por amigos e inimigos da empresa multinacional. Todos estes quatro pressupostos são falsos, o que explica em grande medida a acrimónia do debate e a esterilidade de muitas políticas de desenvolvimento.

Estes quatro pressupostos falsos, mas geralmente aceites, são os seguintes: (1) os países em desenvolvimento são importantes para as empresas multinacionais e uma grande fonte de vendas, receitas, lucros e crescimento, podendo até ser o principal alicerce do «capitalismo empresarial»; (2) o capital estrangeiro, fornecido pelos governos ou pelas empresas, pode providenciar os recursos, e em especial os recursos de capital, necessários para o desenvolvimento económico; (3) a capacidade de uma empresa multinacional integrar e afetar recursos produtivos numa base global e através das fronteiras nacionais, e de substituir assim as considerações económicas nacionais por internacionais, subordina os melhores interesses nacionais dos países em desenvolvimento à «exploração global»; (4) a forma tradicional de organização empresarial do século XIX, ou seja, a «empresa-mãe» com subsidiárias no estrangeiro, é também a forma certa de organização para a empresa multinacional do século XX.

## II

Quais são as realidades?

Em primeiro lugar, as indústrias extrativas têm de ir onde está o petróleo, o cobre ou a bauxite, quer num país em desenvolvimento, quer num país desenvolvido. No entanto, para a multinacional típica do século XX, ou seja,

[6] Publicado originalmente em *Foreign Affairs: An American Quarterly Review*, outubro de 1974.

uma empresa de manufatura, distribuidora ou financeira, os países em desenvolvimento não são importantes nem como mercados nem como geradores de lucros. De facto, podemos dizer claramente que as grandes empresas de manufatura, distribuidoras e financeiras do mundo desenvolvido nem reparam quando as vendas e os lucros nos países desenvolvidos desaparecem de repente.

Dados confidenciais internos que tenho na minha posse sobre 45 instituições de manufatura, distribuidoras e financeiras entre as maiores multinacionais do mundo, tanto norte-americanas como europeias, mostram que os dois terços desenvolvidos do Brasil — de Belo Horizonte para sul — são um mercado importante para essas empresas, ainda que o Brasil só esteja entre os primeiros doze territórios de vendas, ou os maiores geradores de receitas, para duas delas. No entanto, o centro e o sul do Brasil, embora ainda sejam «pobres», já não são claramente «subdesenvolvidos». Além disso, nem a Índia nem o México — os dois países «em desenvolvimento» com os maiores mercados — surgem na minha amostra como grandes áreas de vendas para alguma dessas empresas multinacionais no seu país-sede, seja o distrito alemão de Hamburgo-Norte, as Terras Médias inglesas ou Kansas City.

Na tabela mensal ou trimestral mundial de vendas e de ganhos, que a maioria das grandes empresas utiliza como a sua ferramenta de gestão mais comum, praticamente nenhum país em desenvolvimento figura na minha amostra das grandes 45 multinacionais, exceto como parte de uma «região», por exemplo, a «América Latina», ou «Outras».

A rentabilidade dos negócios destas empresas nos países em desenvolvimento é uniformemente cerca de dois por cento mais baixa do que a dos negócios nos países desenvolvidos, à exceção da indústria farmacêutica, onde a taxa de retorno, quer em vendas quer em capital investido, é praticamente a mesma em ambos. Em regra, demora mais tempo — entre 18 meses e três anos — para que uma nova operação chegue ao ponto de equilíbrio num país em desenvolvimento. E a velocidade de crescimento — mais uma vez, à exceção da indústria farmacêutica — é muito mais lenta. De facto, nestas 45 empresas representativas, de 75 a 85 por cento de todo o crescimento, em vendas ou lucros nos últimos 25 anos, ocorreu nos países desenvolvidos. Em dólares constantes, as receitas destas 45 empresas no mundo desenvolvido duplicaram, ou mais, nos últimos dez ou quinze anos. Mas as suas receitas nos países em desenvolvimento não aumentaram mais de um terço durante esse período, se ajustarmos os valores à inflação.

Os dados publicados, ainda que escassos e inadequados, mostram os mesmos factos. Só para as indústrias extrativas é que os países em desenvolvimento — e só alguns — tiveram alguma importância, quer como fonte de lucros, quer como local de crescimento ou áreas de investimento.

A razão é que, obviamente, ao contrário da velha e novamente popular teoria do «imperialismo capitalismo», as vendas, o crescimento e os lucros estão onde se encontram o mercado e o poder de compra.

No entanto, para o país em desenvolvimento, a multinacional é altamente importante e, ao mesmo tempo, altamente visível.

Uma fábrica que empregue 750 pessoas e que venda produtos no valor de oito milhões de dólares é, na maioria dos países em desenvolvimento, um grande empregador — tanto de operários como de administradores — e uma grande empresa. No entanto, para a empresa-mãe multinacional, que emprega um total de 97 mil pessoas e fatura cerca de 2000 milhões de dólares de produtos ao ano, essa fábrica é, quando muito, marginal. A alta administração em Roterdão, Munique, Londres ou Chicago não lhe pode dedicar praticamente tempo nenhum.

O desprezo e a indiferença — e não a «exploração» — são as queixas justificadas dos países em desenvolvimento a respeito das multinacionais. De facto, os altos administradores das grandes multinacionais pessoalmente interessados nos países em desenvolvimento são constantemente criticados por negligenciarem as áreas importantes e por dedicarem demasiado do seu tempo e da sua atenção a «interesses de fora». Dadas as realidades da empresa, dos seus mercados, das oportunidades de crescimento e de lucro, trata-se de uma crítica válida.

No entanto, a discrepância entre a importância relativa da subsidiária num país em desenvolvimento e a sua importância e visibilidade para o país anfitrião também levanta um problema para as multinacionais. No país em desenvolvimento, o homem que está à frente de uma empresa com 750 empregados e oito milhões de dólares de faturação tem de ser uma pessoa importante. Embora a sua operação seja muito pequena comparada com as da empresa na Alemanha, na Grã-Bretanha ou nos Estados Unidos, não deixa de ser um pouco complexa — de facto, pode até ser muito mais complicada, arriscada e exigente. E tem de lidar com os dirigentes do governo, os banqueiros e os líderes empresariais do país, pessoas que o gestor distrital de vendas em Hamburgo, Roterdão ou Kansas City nunca vê. No entanto, as suas vendas e lucros são inferiores aos do distrito de vendas de Hamburgo, Roterdão e Kansas City. E, na maioria dos casos, o potencial de crescimento até é menor.

Este confronto entre duas realidades — as qualificações e competência pessoal, a posição, o prestígio e o poder necessários para que os altos administradores da subsidiária façam o seu trabalho no país em desenvolvimento, e a realidade de um «distrito de vendas» em termos absolutos e quantitativas – não pode ser resolvido pela estrutura empresarial tradicional das multinacionais.

## III

O segundo grande pressuposto subjacente à questão das multinacionais e dos países em desenvolvimento é a crença de que os recursos do estrangeiro, e em especial o capital do estrangeiro, podem «desenvolver» um país.

No entanto, desde logo, nenhum país é «subdesenvolvido» por falta de recursos. O «subdesenvolvimento» é a incapacidade de obter o desempenho pleno dos recursos; de facto, deveríamos falar de países de maior ou de menor produtividade em vez de países «desenvolvidos» e «subdesenvolvidos». Em particular, muito poucos países — o Tibete e a Nova Guiné podem ser exceções — têm falta de *capital*. Os países em desenvolvimento, quase por definição, têm mais capital do que o que usam em termos produtivos. Aquilo que falta aos países «em desenvolvimento» é a capacidade plena de mobilizarem os seus recursos, sejam recursos humanos, capital ou recursos físicos. Aquilo de que precisam são «detonadores», estímulos do estrangeiro e dos países mais desenvolvidos, que possam dinamizar os recursos do país e ter um «impacto multiplicador».

As duas histórias de sucesso de desenvolvimento nos últimos 100 anos — o Japão e o Canadá — mostram isto de forma clara. No início, o Japão praticamente não importava capital, à exceção de pequenas quantias para os primeiros investimentos em infraestrutura, como os primeiros quilómetros de caminhos de ferro. No entanto, organizou muito cedo aquele que é provavelmente até hoje o sistema mais eficaz de congregação e aproveitamento de todo o capital do país. E importou — prodigamente e sem limitações — tecnologia com fortíssimo impacto multiplicador, e tem continuado a fazer isto até hoje.

O Canadá, em meados dos anos 1930, era um país muito menos «desenvolvido» do que a maioria das atuais repúblicas latino-americanas. Depois, o governo liberal dos anos 1930 decidiu criar um sistema eficaz de congregação de capital doméstico e da sua aplicação em investimentos de infraestrutura com um efeito «multiplicador» muito alto — estradas, cuidados de saúde, portos, educação e administrações nacionais e provinciais eficazes. O capital estrangeiro foi deliberadamente canalizado para a manufatura e a mineração. O capital doméstico e os empresários foram desencorajados nos sectores da extração e da manufatura. Mas foram fortemente encorajados em todas as atividades terciárias, como a distribuição, a banca e os seguros, bem como no abastecimento local e obras na manufatura. Como resultado, um fornecimento relativamente pequeno de capital estrangeiro — entre um décimo e um vigésimo do total da formação de capital do Canadá — conduziu a um desenvolvimento muito rápido em menos de duas décadas.

Há uma segunda falácia no pressuposto convencional, nomeadamente, de que há uma capacidade ilimitada de absorção de dinheiro, e em especial de dinheiro estrangeiro. No entanto, na maioria dos países em desenvolvimento, existem muito poucas oportunidades grandes de investimento. Pode haver um grande potencial hidroelétrico; mas, se não houver clientes com poder de compra ou utilizadores industriais nas proximidades, não há base económica para uma central elétrica. Além disso, não há dinheiro sem custos. Para servir o capital estrangeiro, mesmo com uma taxa de juro mínima, é preciso ter divisas estrangeiras. Para isso, os empréstimos e os investimentos de capital constituem, como regra, um encargo mais pequeno (e, acima de tudo, claramente delimitado) do que os subsídios e outras subvenções políticas do estrangeiro. Estas criam sempre fortes obrigações em termos de política externa e doméstica, independentemente de onde venham.

Um país em desenvolvimento retirará o máximo dos recursos estrangeiros, em especial do capital, se canalizar o capital para onde tem o maior «impacto multiplicador». Além disso, deve canalizá-lo para onde um dólar de capital importado gerará a maior quantidade de dólares domésticos em investimento (por exemplo, bombas de gasolina, motéis e oficinas criados por uma fábrica de automóveis) e onde um posto de trabalho criado pelo investimento original gera o maior número de postos de trabalho direta e indiretamente (mais uma vez, a indústria automóvel é um bom exemplo). Acima de tudo, o investimento deve ser canalizado para onde produzirá o maior número de gestores e empresários locais e para onde gerará a maior competência administrativa e empresarial. Isto porque tornar os recursos plenamente eficazes depende da oferta e competência do recurso de gestores de empresários.

Segundo todos os números, o dinheiro do governo tem um impacto multiplicador muito menor do que o dinheiro privado. Obviamente, isto é mais visível nos países do bloco comunista; a produtividade muito baixa do capital é a principal debilidade das economias capitalistas, seja a da Rússia ou as dos seus satélites europeus. Mas também se aplica ao dinheiro público (por exemplo, do Banco Mundial) em qualquer parte; gera muito pouco investimento adicional dentro ou fora do país beneficiário. E os investimentos de «prestígio», como uma siderurgia, tendem a ter um impacto multiplicador bastante baixo — tanto em postos de trabalho como em vigor administrativo — em comparação, por exemplo, com um grande armazém, que gera grande número de produtores e fornecedores locais e cria em seu redor um grande aglomerado administrativo e empresarial.

Para a multinacional de manufatura, distribuição ou financeira localizada num país em desenvolvimento, o rápido desenvolvimento económico do país anfitrião oferece a melhor oportunidade de crescimento e rentabilidade. Assim, a multinacional tem um claro interesse próprio no impacto «multiplicador» do seu investimento, dos seus produtos e da sua tecnologia. Seria mais aconselhável ver o capital que providencia como «impulsionador» do que como «combustível». Quantos mais dólares (pesos ou cruzeiros) de capital local forem gerados pelos seus dólares de investimento, maior será o impacto de desenvolvimento do seu investimento e maior será a sua hipótese de sucesso. O mesmo se aplica ao país em desenvolvimento: isto porque a sua maior necessidade é maximizar o impacto de desenvolvimento de cada dólar importado.

A estratégia canadiana prolongou-se durante demasiado tempo; em inícios dos anos 1950, o Canadá alcançou um desenvolvimento pleno e deveria ter adotado então uma política de mudança do seu próprio capital doméstico para investimentos de «superstrutura». No entanto, ainda que a estratégia canadiana não seja aplicável a muitos países atuais em desenvolvimento — e ainda que, como qualquer estratégia, se tenha tornado obsoleta devido ao seu próprio sucesso —, foi muito bem-sucedida, muito barata e resultou num rápido crescimento económico, assegurando, ao mesmo tempo, um alto nível de desenvolvimento social e de justiça social.

Aquilo de que qualquer país em desenvolvimento necessita é uma estratégia que veja os recursos estrangeiros disponíveis, em especial de capital, como os «impulsionadores» para gerar o uso máximo dos recursos próprios do país e para ter o máximo «efeito multiplicador». Esta estratégia vê na multinacional um meio de estimular o potencial doméstico — e em especial criar competência empresarial e administrativa doméstica —, e não como um substituto de recursos domésticos, de esforços domésticos ou até de capital doméstico. Assim, para que as multinacionais sejam agentes eficazes de desenvolvimento nos países em desenvolvimento, é necessária uma política de encorajamento do sector privado doméstico, do empresário doméstico e do gestor doméstico. Se estes forem desencorajados, os recursos vindos de fora serão inevitavelmente desperdiçados.

Por si mesmas, as multinacionais não podem produzir desenvolvimento; só podem dar à manivela, mas não empurrar o carro. É inútil e contraproducente usar capital estrangeiro como meio de amedrontar e intimidar a comunidade empresarial local — como os jovens brilhantes dos primeiros tempos da Aliança para o Progresso pareciam querer fazer —, bem como mobilizar a comunidade empresarial local contra a «malvada multinacional imperialista».

## IV

Diz-se que a multinacional tende a afetar a produção segundo a economia global. Isto é perfeitamente correto, ainda que, até agora, poucas são as empresas que têm realmente uma estratégia global. No entanto, longe de ser uma ameaça para o país em desenvolvimento, este é potencialmente o trunfo do país em desenvolvimento na economia mundial. Longe de privar os governos dos países em desenvolvimento do poder de tomada de decisões, a estratégia global das multinacionais pode ser a única forma de esses governos obterem algum controlo efetivo e poder de negociação.

Além do ataque de um país estrangeiro, a ameaça mais grave à soberania económica dos países em desenvolvimento, e em especial dos mais pequenos, ou seja, da maioria, é a escassez de divisa estrangeira. É um obstáculo absoluto à liberdade de decisão. Entendendo isto, muitos países em desenvolvimento, em especial nos anos 1950 e inícios dos anos 1960, optaram por uma política deliberada de «substituição da importação».

Todos sabemos agora que, num prazo não muito longo, isto cria uma dependência da importação igual ou pior e problemas de divisa estrangeira. Agora, há uma versão da «substituição da importação» que se tornou moda: uma política de «conteúdos domésticos» que requer que a empresa estrangeira produza uma parte cada vez maior do produto final no próprio país. É provável que isto acabe por ter as mesmas consequências que a agora desacreditada «substituição da importação», nomeadamente, maior dependência de matérias-primas, de equipamento e de abastecimentos do estrangeiro. E em todos os países, à exceção dos muito poucos que já têm mercados substanciais (o Brasil é, talvez, o único, mas, afinal de contas, o Brasil já não está «em desenvolvimento» a respeito de dois terços, o centro e o sul, do país), esta política conduz inevitavelmente a uma indústria de altos custos permanentes, incapaz de competir e de crescer. É verdade que a política cria empregos a curto prazo; mas faz isto à custa dos pobres e do potencial do país para criar empregos no futuro e para crescer.

Os países em desenvolvimento precisam das *duas coisas*: ganhos de divisa estrangeira e instalações produtivas suficientemente grandes para providenciar economias de escala e, com estas, emprego substancial. Só podem obter isto se integrarem as suas instalações produtivas emergentes — de bens manufaturados ou produtos agrícolas como fruta e vinho — na economia maior e de crescimento mais rápido, ou seja, o mercado mundial.

No entanto, a exportação requer conhecimento do mercado, mecanismos de comercialização e finanças de comercialização. Também requer músculo político para superar as forças protecionistas fortemente entrincheiradas, em especial os sindicatos e os blocos agrícolas nos países desenvolvidos. A exportação é feita com mais sucesso e de forma mais fácil e barata se houver um mercado «cativo» garantido, pelo menos para que parte da produção seja vendida no mercado mundial. Isto aplica-se especialmente à maioria dos países em desenvolvimento, cujos mercados domésticos são demasiado pequenos para serem uma base adequada de uma indústria orientada para a exportação.

A capacidade da multinacional para afetar produção através das fronteiras nacionais, e segundo a lógica do mercado mundial, deve, pois, ser um aliado importante dos países em desenvolvimento. Quanto mais produção racional e «global» for afetada, mais podem ganhar. Uma empresa multinacional, por definição, pode equalizar o custo do capital através das fronteiras nacionais (pelo menos em certa medida). Pode equalizar, em grande medida, o recurso administrativo, ou seja, pode mover executivos, pode formá-los, etc. O único recurso que não pode mover livremente é a mão de obra — e este é precisamente o recurso em que os países em desenvolvimento têm a vantagem.

É provável que esta vantagem aumente. Salvo se houver uma depressão mundial prolongada, a mão de obra nos países desenvolvidos será cada vez mais escassa e cara, sobretudo por causa das baixas taxas de natalidade, enquanto um movimento em grande escala de pessoas de zonas pré-industriais para os países desenvolvidos, como o movimento maciço dos negros americanos para cidades do norte ou o movimento em massa dos «trabalhadores convidados» para a Europa Ocidental, já não é política ou socialmente possível.

No entanto, se as multinacionais não forem usadas para integrar os recursos produtivos dos países em desenvolvimento na rede produtiva da economia mundial — e em especial nos sistemas de produção e de comercialização das próprias multinacionais —, é improvável que apareçam rapidamente grandes mercados de exportação para a produção dos países em desenvolvimento.

Assim, a estratégia mais vantajosa para os países em desenvolvimento seria substituir, ou pelo menos suplementar, a política de «conteúdos domésticos» por uma política que usa a capacidade integradora das multinacionais para desenvolver grandes instalações produtivas com acesso a mercados no mundo desenvolvido. Uma boa ideia poderia ser encorajar o investimento pelas multinacionais com planos definidos — e com compromissos firmes — para produzirem para a exportação, em especial no interior do seu próprio sistema multinacional. Como Taiwan e Singapura demonstraram, pode ter muito mais sentido ser o maior fornecedor mundial de um modelo ou de uma componente do que ser o pequeno produtor, a alto custo, de todo o produto ou de toda a linha de produtos. Isto criaria mais postos de trabalho e forneceria o produto final a preços mais baixos para os próprios consumidores do país. E deveria resultar em grandes ganhos de divisa estrangeira.

Sugiro um segundo requisito de integração. É compreensível que os países em desenvolvimento queiram limitar o número de estrangeiros que uma empresa traz. No entanto, é de esperar que a multinacional faça isso o mais possível — movimentar pessoas de um lado para o outro é caro e apresenta todos os tipos de problemas e complicações. Muito mais importante seria o país em desenvolvimento exigir que a multinacional integrasse o pessoal trabalhador e administrativo que emprega no país nos seus planos de gestão de desenvolvimento mundial. Em especial, devia escolher um número adequado dos trabalhadores mais jovens e talentosos da sua subsidiária no país em desenvolvimento para missões de três a cinco anos de trabalho administrativo e profissional num dos países em desenvolvimento. Até agora, tanto quanto sei, isto só é feito sistematicamente por alguns grandes bancos americanos, pela Aluminium Corporation e pela Nestlé. No entanto, são as pessoas e a sua competência que impulsionam o desenvolvimento; e a competência mais importante não é técnica, ou seja, o que se pode aprender num curso, mas sim a gestão de pessoas, o *marketing* e as finanças, e o conhecimento em primeira mão dos países desenvolvidos.

Em suma, do ponto de vista dos países em desenvolvimento, o melhor uso transnacional dos recursos de que a multinacional é — ou deveria ser — capaz bem pode ser o elemento mais positivo na economia mundial atual. Uma política de autossuficiência não é hoje possível nem para o país mais dotado. O desenvolvimento, mesmo que de proporções modestas, não se pode basear em instalações pequenas, pouco económicas e de altos custos permanentes, seja na manufatura seja na agricultura. Nem deverá ocorrer, e muito menos de forma rápida, sob a restrição de uma crise constante de balança de pagamentos.

A integração das capacidades produtivas e das vantagens dos países em desenvolvimento na economia mundial é a única saída. E a capacidade da multinacional para produzir integração através das fronteiras nacionais parece a ferramenta mais promissora para este fim.

## V

A ideia de que a propriedade de cem por cento por parte da «empresa-mãe» é a única estrutura empresarial para a multinacional, embora geralmente aceite, nunca foi verdadeira. Num país tão importante como o Japão, foi sempre a exceção rara, com a maioria das empresas não-japonesas a operar por meio de *joint ventures*. A Sears Roenbuck tem uma parceria em todo o Canadá com uma grande cadeia local de retalho, a Simpson's. O banco Chase Manhattan opera em muitos países como sócio minoritário em bancos locais. A Adela, a empresa multinacional de capital de investimentos na América Latina, e durante muitos anos a mais bem-sucedida de todas as instituições de desenvolvimento do mundo, limitou-se desde o início a uma participação minoritária nos seus consórcios.

Mas é verdade que, historicamente, a propriedade de cem por cento foi considerada a forma preferida, sendo tudo o resto visto como dificultando a unidade de ação, de visão e de estratégia. De facto, limitar o investidor estrangeiro a um controlo inferior a cem por cento ou a uma participação minoritária, por exemplo nos acordos do Pacto Andino ou na legislação do México sobre os investimentos estrangeiros, é claramente uma restrição do estrangeiro ou até uma ação punitiva.

No entanto, é provável que o pêndulo balance cada vez mais para o outro lado. (De facto, pode não ser exagerado prever que, daqui a alguns anos, o sentimento «antiestrangeiro» assuma a forma de exigência de cem por cento de investimento de capital estrangeiro na empresa pública no país em desenvolvimento e a proibição de parcerias ou de *joint ventures* com capital local como fuga dos parcos recursos de capital de um país). A multinacional terá cada vez mais vantagens em estruturar a propriedade de várias maneiras, e especialmente de maneiras que lhe possibilitem obter acesso tanto ao capital como ao talento locais.

Os mercados de capital estão a tornar-se rapidamente «policêntricos». As multinacionais terão de aprender a estruturar os seus negócios de maneira a poderem aproveitar qualquer mercado de capital — seja nos Estados Unidos, na Europa Ocidental, no Japão, no Brasil, em Beirute ou em qualquer outro lado. A «empresa-mãe» monolítica, com subsidiárias só suas, não é capaz de fazer isto. Quando as empresas, por exemplo, da Europa Ocidental, angariam dinheiro no estrangeiro, preferem muitas vezes instrumentos financeiros como obrigações convertíveis, de que os seus mercados de capital domésticos ou dos Estados Unidos não gostam particularmente e com os quais não lidam com facilidade.

Há também cada vez mais indícios de que a capacidade de angariação de capital de uma enorme multinacional, em especial de capital de exploração a médio prazo, pode ser substancialmente aumentada tornando grandes segmentos do sistema capazes de se autofinanciarem nos seus próprios mercados de capital e com as suas próprias instituições públicas de investimento e financeiras.

Mas também é provável que haja pouca oferta de capital nos próximos anos, sem levar em conta uma grande depressão global. E isto pode significar que as multinacionais só estarão dispostas a investir em mercados pequenos, menos rentáveis e de crescimento mais lento, ou seja, em países em desenvolvimento, se estes países fornecerem uma boa fatia do capital necessário e não esperarem que o investidor estrangeiro o forneça na totalidade.

Isto já está a acontecer, como mostra o exemplo do Japão. Esperava-se que o levantamento das restrições ao investimento estrangeiro gerasse uma onda maciça de ofertas de aquisição e de parcerias detidas a cem por cento pelo investidor estrangeiro. Em vez disso, é agora cada vez mais o investidor ocidental, tanto americano como europeu, que quer formar parcerias no Japão e espera que o parceiro japonês forneça o capital, enquanto o estrangeiro fornece a tecnologia e o conhecimento do produto.

Talvez mais importante seja a necessidade de estruturar de outra maneira a propriedade a cem por cento para obter o talento administrativo necessário no país em desenvolvimento. Se a subsidiária no país em desenvolvimento não for uma «filial», mas uma empresa separada, com substancial investimento externo de capital, o papel e a posição dos seus executivos tornam-se viáveis. Tornam-se o que têm de ser, ou seja, verdadeira «alta administração», embora em termos de emprego e de vendas a sua empresa ainda possa ser insignificante no seio do conglomerado gigante.

E se uma multinacional quiser realmente integrar a produção através das fronteiras nacionais, torna-se ainda mais necessária uma «alta administração» de estatura considerável. Então, os administradores da subsidiária num país em desenvolvimento têm de equilibrar uma operação nacional e uma estratégia global. Têm de ser «alta administração» no seu próprio país e gerir, ao nível local, relações económicas, financeiras, políticas e laborais altamente complexas, e, ao mesmo tempo, funcionar como membros plenos de uma equipa mundial de «gestão de sistemas». Fazer isto como subordinado é quase impossível. O administrador tem de ser um «igual», com a sua autoridade verdadeiramente autónoma.

## VI

Domesticamente, há muito que aprendemos que o «controlo» está divorciado da «propriedade» e, de facto, está a tornar-se depressa muito independente da «propriedade». Não há motivos para que o mesmo desenvolvimento não ocorra em termos internacionais, e pelas mesmas duas razões: (1) a «propriedade» não tem capital suficiente para financiar a dimensão das grandes empresas modernas; e (2) a administração, ou seja, o «controlo», tem de ter competência profissional, autoridade e posição própria. Domesticamente, o divórcio entre o «controlo» e a «propriedade» não enfraqueceu o «controlo». Pelo contrário, tornou a direção e o controlo administrativos mais poderosos, mais objetivos, mais coesos.

Não há motivo inerente para que o abandono da «propriedade a cem por cento» nos países em desenvolvimento impossibilite a manutenção da coesão comum e do controlo central. Contrariamente, porque alarga a base de capital da multinacional num período de escassez mundial de capital e porque cria parceiros locais, sejam empresários sejam agências do governo, o divórcio entre o controlo e a direção pode reforçar a coesão e pode até ser um pré-requisito para uma verdadeira estratégia global. Ao mesmo tempo, esta parceria pode aumentar o impacto de desenvolvimento do investimento multinacional, ao mobilizar capital doméstico para investimento produtivo e ao acelerar o desenvolvimento dos empresários e administradores locais.

É verdade que a propriedade mista tem problemas sérios, mas não parecem insuperáveis, como provam as parcerias japonesas. Também tem vantagens; e num período de escassez mundial de capital, a multinacional parece ser a grande beneficiária. De facto, pode dizer-se que os países em desenvolvimento, se quiserem atrair investimento estrangeiro nesse período, poderão ter de *oferecer* capital de coinvestimento, e que as provisões para a participação do investimento local na propriedade serão vistas (e provavelmente criticadas) como favorecendo o investidor estrangeiro, em vez de o limitarem.

## VII

A multinacional, embora seja a inovação mais importante e mais visível do período do pós-guerra na área económica, é sobretudo um sintoma de uma mudança muito maior. É uma resposta ao surgimento de uma verdadeira economia mundial. Esta economia mundial não é uma aglomeração de economias nacionais como era a «economia internacional» da teoria comercial internacional do século XIX. É fundamentalmente autónoma, tem a sua própria dinâmica, os seus próprios padrões de exigência, as suas próprias instituições — e, nos «direitos de saque especiais» (DSE), até o seu próprio dinheiro e sistema de crédito em forma embrionária. Pela primeira vez em 400 anos — desde finais do século XVI, quando o termo «soberania» foi cunhado —, a unidade política territorial e a unidade económica já não são congruentes.

Percebe-se que isto pareça uma ameaça para os governos nacionais. A ameaça é agravada pelo facto de, até agora, ninguém ter uma teoria funcional da economia mundial. Como resultado, não existe hoje uma política económica provada, eficaz e previsível, testemunha da impotência dos governos em face da inflação mundial.

As multinacionais são apenas um sintoma. A sua eliminação só agravaria a doença. Mas foi sempre tentador combater os sintomas em vez de encontrar uma cura. Por isso, é muito possível que as multinacionais sejam severamente afetadas e talvez até destruídas nas próximas décadas. Se isto acontecer, será feito pelos governos dos países-casa das multinacionais, os Estados Unidos, a Grã-Bretanha, a Alemanha, a França, o Japão, a Suécia, a Holanda e a Suíça — os países onde 95 por cento das multinacionais do mundo estão domiciliadas e que, juntas, representam pelo menos três quartos dos negócios e das receitas das multinacionais. Os países em desenvolvimento podem contribuir com emoção e retórica para as decisões, mas muito pouco mais. Não são suficientemente importantes para as multinacionais (ou para a economia mundial) para terem grande impacto.

No entanto, ao mesmo tempo, o surgimento de uma verdadeira economia mundial é a única verdadeira esperança para a maioria dos países em desenvolvimento, em especial para os que são demasiado pequenos para serem viáveis como «economias nacionais» tendo em conta as tecnologias atuais, as necessidades atuais de investigação, os requisitos atuais de capital e as necessidades atuais de transportes e comunicações. Os próximos 20 anos serão um período em que os países em desenvolvimento terão de arranjar empregos e rendimentos para o maior número de novos integrantes na força de trabalho da sua história; ao mesmo tempo, os países desenvolvidos sofrerão uma contração acentuada do número de novos integrantes na sua força de trabalho — uma contração que já está muito avançada no Japão e em partes da Europa Ocidental e que terá chegado aos Estados Unidos em finais dos anos 1970. E os empregos de que os países em desenvolvimento necessitarão tão desesperadamente nos próximos dez anos exigirão, em grande medida, a presença das multinacionais — o seu investimento, a sua tecnologia, a sua competência administrativa e, acima de tudo, as suas capacidades de comercialização e de exportação.

A maior esperança para os países em desenvolvimento obterem a condição de nação política e cultural e as oportunidades de emprego e de rendimentos de exportação de que necessitam, é o poder integrador da economia mundial. E o seu instrumento, se o quiserem usar, é, acima de tudo, a empresa multinacional — precisamente porque representa uma economia global e atravessa as fronteiras nacionais.

A multinacional, se sobreviver, será certamente diferente no futuro, terá uma estrutura diferente e será «transnacional» e não «multinacional». Mas até a multinacional de hoje é — ou deveria ser — um meio muito eficaz de construção da nação para o mundo em desenvolvimento.

# CAPÍTULO CINCO

# Que resultados devemos esperar?[7]

## *Um guia para a GPO*

A GESTÃO POR OBJETIVOS (GPO) tem uma história mais longa nas instituições governamentais do que pensa a maioria dos seus praticantes atuais. Os conceitos básicos foram fortemente defendidos por Luther Gulick e os colegas em meados e finais dos anos 1930, nos seus estudos da organização e administração do governo federal. No entanto, o conceito de gestão por objetivos e de autocontrolo teve origem no sector privado. Começou a ser praticado pela DuPont Company após a Primeira Guerra Mundial. Em meados dos anos 1920, Alfred P. Sloan, Jr., da General Motors, utilizou sistematicamente a gestão por objetivos e o autocontrolo, isto com grande clareza conceptual, ainda que não tivesse um termo especial para a sua forma de gestão.

Contudo, hoje, a GPO parece ser mais popular nas instituições de serviço público do que no sector privado; é sem dúvida mais discutida como um instrumento do sector público, em especial da administração governamental.

Há um bom motivo para esta popularidade da GPO no sector público. As instituições de serviço público precisavam muito mais dela do que as empresas grandes e mais complexas. As instituições de serviço público têm sempre múltiplos objetivos e, em muitos casos, antagónicos ou até incompatíveis. Enquanto nenhuma instituição, incluindo as empresas, tem avaliações realmente satisfatórias, as avaliações geralmente existentes nas agências governamentais e noutras instituições de serviço público, em especial na área dos orçamentos, raramente têm alguma coisa que ver com o desempenho e o cumprimento de objetivos. Até uma agência governamental relativamente pequena, como uma dos Estados mais pequenos e menos populosos dos Estados Unidos ou de uma cidade de dimensão média, é um «conglomerado» de maior diversidade e complexidade que os «conglomerados» comerciais mais diversificados.

[7] Publicado originalmente em *Public Administration Review*, janeiro-fevereiro de 1976.

Os recursos das instituições de serviço público são pessoas, e as produções raramente são «coisas». Por isso, a orientação para resultados significativos não é inerente ao trabalho ou ao próprio processo. A desorientação, quer pelo empregado individual, quer pelo administrador, é simultaneamente fácil e difícil de detetar. As instituições de serviço público são propensas à doença mortal da «burocracia»; ou seja, tendem a confundir as regras, os regulamentos e o funcionamento suave dos maquinismos com sucesso e o interesse próprio da agência com o serviço público.

Por outras palavras, as instituições de serviço público precisam particularmente de objetivos e da concentração de esforços em objetivos e resultados — ou seja, gestão. Estas são precisamente as necessidades que a gestão por objetivos e por autocontrolo (GPO) promete satisfazer. No entanto, as mesmas razões que tornam a GPO potencialmente tão produtiva para a instituição de serviço público também fazem com que seja demasiado fácil que a instituição confunda os processos da GPO com a substância da gestão e dos objetivos. De facto, podem encorajar o erro fatal de usar erradamente a GPO como um substituto para a reflexão e para a tomada de decisões.

Por conseguinte, o administrador da instituição de serviço público precisa de um «guia». Precisa de saber se está a usar bem ou mal a GPO. Precisa de conhecer, acima de tudo, os resultados obtidos pela GPO se usada corretamente. Penso que poucos textos ou manuais dizem isto. No entanto, só quando estes resultados são obtidos é que a GPO foi realmente aplicada.

A GPO é, em simultâneo, *gestão* e *objetivos*. Por isso, são necessários dois conjuntos de especificações: um que descreve os resultados em termos de objetivos, e outro que descreve os resultados em termos de gestão.

## Quais são os nossos objetivos? Quais deveriam ser?

O primeiro resultado, e talvez o mais importante que o administrador precisa de visar ao aplicar a GPO, é a *consciencialização clara de que a sua agência não tem realmente objetivos*. O que é visto como objetivos são, em regra, apenas boas intenções.

A finalidade de um objetivo é possibilitar a organização do trabalho para a sua concretização. Isto significa que os objetivos têm de ser operacionais: capazes de serem convertidos em desempenho específico, em trabalho e em tarefas. No entanto, quase nenhuma agência de serviço público tem objetivos operacionais. Dizer que o nosso objetivo é a «manutenção de lei e da ordem» ou a «saúde» é, em termos operacionais, uma declaração sem qualquer significado. Nada pode ser deduzido destas declarações a respeito dos objetivos e do trabalho necessário. No entanto, estas declarações já são muito mais operacionais, mais próximas de verdadeiros objetivos, do que aquilo que se vê normalmente nas declarações de objetivos das agências de serviço público.

O primeiro resultado a esperar da gestão por *objetivos* é a consciencialização de que a declaração tradicional de objetivos é inadequada e, na maioria dos casos, totalmente inapropriada. O primeiro trabalho a fazer é identificar quais podem ou devem ser os objetivos. No entanto, assim que se levanta esta questão, também se percebe — e este é o segundo resultado a obter — que os *objetivos* nas agências de serviço público são ambíguos, ambivalentes e múltiplos. (Isto também vale para as empresas privadas.)

O hospital, apesar de complexo, continua a ser uma instituição muito pequena, comparada com a maioria das agências governamentais. Contudo, os seus objetivos não são de modo nenhum claros. «Saúde» parece plausível; mas a maioria dos hospitais nada tem que ver com a saúde. Preocupam-se com o tratamento e o cuidado dos doentes. Não há dúvida de que a forma mais inteligente e mais eficaz de produzir saúde é a prevenção da doença, e não o seu tratamento e a cura. Na medida em que sabemos como produzir saúde, esta não é, claramente, a tarefa do hospital. Isto é feito por medidas de saúde pública, como a vacinação, o fornecimento de água potável e o tratamento adequado dos esgotos. Com efeito, os hospitais são o resultado do fracasso da saúde, e não instituições que a fornecem.

Contudo, mesmo que o hospital defina bem os seus objetivos, como fazem os hospitais do Serviço Nacional de Saúde britânico, como o «tratamento dos doentes» (reparação do dano já feito), os objetivos continuam a ser vagos. Será o hospital, como o conceito tradicional do hospital comunitário americano, a instalação privada do médico ou uma extensão do seu consultório? Será, por outras palavras, o local onde o médico cuida dos pacientes que ele não pode tratar no seu próprio consultório privado? Ou deverá o hospital ser, como muitos hospitais americanos tentaram, o «centro de saúde» para a comunidade, com atividades como clínica de prevenção pediátrica, serviço de aconselhamento para os emocionalmente perturbados, etc.? Deverá o hospital tornar-se também o substituto do médico privado e fornecer serviços médicos aos pobres — os objetivos do atual departamento de ambulatório no hospital das grandes cidades americanas? Se o hospital define a sua função como o tratamento de doentes, qual é, então, o papel e a função do serviço de maternidade? Dar à luz a um bebé não é, afinal de contas, uma doença, mas uma ocorrência perfeitamente normal e saudável.

De forma semelhante, quando o departamento de polícia tenta tornar operacional o termo vago de «manutenção da lei e da ordem», percebe de imediato que há uma multiplicidade de objetivos possíveis — todos ambíguos. «Prevenção do crime» parece um objetivo muito específico. Mas o que significa isto realmente, partindo do pressuposto de que toda a gente sabe como fazê-lo? Será, como muitos departamentos de polícia declararam tradicionalmente, fazer cumprir todas as leis? Ou será a proteção do cidadão inocente e cumpridor da lei, da sua pessoa e da sua propriedade? Será a segurança na rua ou a segurança em casa, ou ambas? Será a tarefa principal a erradicação e prevenção da corrupção mesmo na própria força policial? Isto pode parecer muito periférico e até trivial. No entanto, num estudo recente sobre o papel do chefe de polícia, patrocinado por uma das agências do governo federal, os chefes de polícia experientes que conduziram o estudo afirmaram que acabar com a corrupção nas forças policiais era o objetivo principal e mais importante na manutenção da lei e da ordem.

Ao tentar reduzir as boas intenções a objetivos genuínos, o administrador perceberá invariavelmente que objetivos igualmente válidos são mutuamente incompatíveis ou, pelo menos, muito inconsistentes.

O exemplo clássico é a política agrícola americana dos últimos 40 anos. Reforçar o agricultor americano foi o objetivo declarado desde o início, antes do tempo do *New Deal*. Significa isto proteger a agricultura familiar? Ou será que significa tornar o agricultor eficiente, produtivo e capaz de entrar nos mercados competitivos mundiais? Ao redigir a legislação agrícola, o Congresso usou sempre uma retórica para indicar que a finalidade da política agrícola é proteger e preservar a pequena agricultura familiar. No entanto, as medidas então promulgadas para concretizar esta finalidade visavam fazer da agricultura um sector mais eficiente, mais produtivo e mais competitivo, em que a pequena agricultura familiar não tinha praticamente lugar e que podia ser até um impedimento à concretização do objetivo.

Por conseguinte, o resultado mais importante da gestão por *objetivos* é obrigar o administrador a compreender que não pode haver um objetivo único, apesar da linguagem da enunciação das medidas, sejam atos do Congresso sejam declarações administrativas. Pode parecer paradoxal chamar à compreensão deste problema fundamental um resultado da gestão por objetivos. No entanto, pode ser o resultado mais importante, precisamente porque obriga o administrador e a sua agência a compreenderem a necessidade de ponderar e de tomar decisões muito arriscadas de equilíbrio e de compensação. Este deve ser um dos resultados desejados pela gestão por *objetivos*, que será alcançado se a GPO for uma ferramenta eficaz que reforça o desempenho da instituição.

A área seguinte em que a gestão por objetivos tem de alcançar resultados é a das *prioridades* e das *posterioridades*.

As instituições de serviço público, quase sem exceção, têm de se esforçar por alcançar múltiplos objetivos. Ao mesmo tempo, cada área de objetivos requer várias metas separadas. No entanto, nenhuma instituição, e muito menos as grandes, é capaz de fazer muitas coisas, e muito menos fazer bem muitas coisas. As instituições têm de concentrar e estabelecer prioridades. Do mesmo modo, têm de tomar decisões arriscadas sobre o que adiar e o que abandonar — pensar nas posterioridades.

Um motivo básico para esta necessidade de concentrar é o problema de comunicações, tanto no seio da instituição como entre os vários públicos externos. As instituições que tentam alcançar simultaneamente muitos objetivos diferentes acabam por confundir os seus próprios membros. A confusão duplica para o público exterior, de cujo apoio dependem.

Outra razão convincente para a concentração de objetivos é que nenhuma instituição tem uma abundância de recursos realmente eficazes. Todos aprendemos que o dinheiro, só por si, não produz resultados. Os resultados requerem o trabalho duro e os esforços de pessoas dedicadas; estas pessoas são sempre poucas. No entanto, nada destrói mais a eficácia dos indivíduos competentes do que dividir os seus esforços por várias preocupações divergentes; não há nada mais frustrante ou menos produtivo do que dar atenção a tempo parcial a uma tarefa importante. A obtenção de resultados requer sempre a atenção total e consistente ao problema pelo menos por um indivíduo eficiente.

Por último — e este pode ser o fator mais importante —, até um objetivo único ou simples requer, em muitos casos, uma escolha entre estratégias muito diferentes que não podem ser seguidas ao mesmo tempo; uma delas tem de receber prioridade, o que significa que a outra é considerada secundária ou é abandonada durante algum tempo.

Um exemplo deste dilema, familiar a qualquer administrador experiente, é a política educativa dos países em desenvolvimento. Praticamente todos os estudantes de desenvolvimento reconhecem que é desejável uma população formada e instruída, sendo até um pré-requisito para o desenvolvimento social e económico. No entanto, dever-se-á dar prioridade à educação de uma elite pequena, mas extraordinariamente capaz? Ou devemos colocar a ênfase na «literacia das massas»? Poucos países podem perseguir os dois objetivos ao mesmo tempo — têm de fazer uma escolha. Se seguirem a primeira via, há o risco de educar as pessoas para serem altamente qualificadas com um grande custo para o país. A consequência é que a sociedade não pode utilizar a qualificação que pagou e não pode providenciar empregos adequados a esses indivíduos. O resultado é então uma «fuga de cérebros», em que os recursos potencialmente mais produtivos e mais valiosos de um país pobre partem em busca de oportunidades noutros sítios para aplicarem os seus conhecimentos.

Se seguirem a segunda alternativa, há o risco de educar grandes massas de pessoas que já não estão satisfeitas com o emprego tradicional nem com os níveis de vida tradicionais de subsistência. Estas pessoas não podem encontrar os empregos para os quais foram formadas e que foram levadas a esperar, simplesmente porque não há instituições capazes de as empregarem e a liderança é inexistente.

Estabelecer prioridades costuma ser muito simples, ou pelo menos politicamente muito simples. O que é difícil, mas absolutamente essencial, é a decisão arriscada e politicamente perigosa sobre quais devem ser as posterioridades. Até o administrador experiente sabe que aquilo que é adiado acaba por ser abandonado. De facto, é uma boa regra não adiar, mas antes decidir não fazer uma coisa de todo ou desistir de uma coisa. Isto porque, na estratégia, o calendário é essencial. Nada costuma ser menos produtivo do que fazer dez anos depois aquilo que poderia ser um programa excelente e proveitoso há dez anos antes.

Se fosse preciso um exemplo, seria fornecido por muitos dos programas do presidente Johnson. Muitos destes programas fracassaram não por serem os programas errados, ou até por não terem o apoio adequado. Foram implementados, em grande medida, cinco ou dez anos tarde de mais. Estes programas haviam sido adiados e, quando chegou a altura de os realizar, ou seja, quando o Congresso os considerou depois de longos anos de resistência, já não eram os programas «certos».

Além disso, ainda mais do que as empresas, as instituições de serviço público consideram o «abandono de ontem» ainda mais difícil. É claro que as empresas não gostam de abandonar. O produto ou serviço que já não serve um propósito, que já não produz resultados, que já não satisfaz uma grande necessidade, é normalmente também o produto ou serviço em que as pessoas agora no topo passaram a maior parte da sua vida profissional a criar e a tornar bem-sucedido. No entanto, numa empresa, o mercado acaba por obrigar a administração a enfrentar a realidade e a abandonar o passado.

A Ford Motor Company conservou a marca Edsel enquanto pôde, durante mais tempo do que o justificado pela realidade económica. O público americano já abandonara a Edsel muito antes da administração da Ford se ter disposto a aceitar o veredicto. No entanto, até uma companhia muito grande, forte e teimosa teve de acabar por aceitar a realidade.

Em regra, esta pressão não existe na instituição de serviço público. De facto, se tivéssemos ministérios dos Transportes por volta de 1850 ou 1900, poderíamos agora ter em todos os países grandes projetos de investigação, com milhares de milhões de dólares de financiamento, para reeducar o cavalo. Em qualquer instituição de serviço público, seja uma agência do governo, um hospital, uma escola ou uma universidade, qualquer atividade e serviço cria quase de imediato os seus clientes: na legislatura, a imprensa ou o público. No entanto, nada é mais difícil de fazer do que manter o moribundo. É preciso mais energias, mais esforço e mais capacidades para sustentar um programa obsoleto do que para tornar eficaz o programa adequado e produtivo.

Assim, a agência de serviço público corre sempre o risco de desperdiçar as suas melhores pessoas e muito dinheiro em atividades que já não produzem, que já não contribuem, que se revelaram incapazes de produzir, ou que são simplesmente inadequadas.

Por conseguinte, o estabelecimento de prioridades é essencial para a gestão por *objetivos* na agência de serviço público. Isto requer, desde logo, decisões sobre as áreas de concentração.

Igualmente importante é a avaliação sistemática de todos os serviços e de todas as atividades a fim de encontrar os *candidatos ao abandono*. De facto, numa agência de serviço público, é sensato avaliar a necessidade de cada serviço e atividade a cada três ou quatro anos e perguntar: «Se soubéssemos o que sabemos hoje na altura em que estabelecemos este serviço, tê-lo-íamos feito?» Se a resposta for «Não», não devemos dizer: «O que temos de fazer para o tornar novamente viável?» Nem sequer dizemos: «Devemos considerar terminá-lo?» Mas dizer: «Com que rapidez podemos terminá-lo?»

Os objetivos do abandono e as calendarizações para alcançar esses objetivos são uma parte essencial da gestão por *objetivos*, por muito impopulares, desagradáveis ou difíceis que sejam. O maior perigo nas grandes instituições, em especial nas instituições de serviço público, é confundir gordura com músculo e movimento com desempenho. A única maneira de prevenir esta doença degenerativa é um processo sistemático para o abandono do ontem, e para estabelecer objetivos específicos e corajosos para o abandono.

A este respeito, a Lei de Reforma Orçamental de 1974 pode representar o maior passo em frente na administração pública em muitas décadas, ainda que se esteja ainda por ver, obviamente, se a lei produzirá resultados. Esta lei atribuiu ao Gabinete de Contabilidade Geral o dever de avaliar os programas e projetos existentes no serviço federal com base na sua conveniência, objetivos declarados e adequação.

Mas será que o Congresso que redigiu a lei estará disposto a enfrentar as suas implicações de abandono?

Os resultados seguintes são *objetivos específicos*, com *metas* específicas, *calendários* específicos e *estratégias* específicas. Implícito nisto está a *definição clara* dos recursos necessários para alcançar esses objetivos, os esforços necessários e, sobretudo, a *afetação* dos recursos disponíveis — em especial do pessoal disponível. Um «plano» só é um plano se os recursos de pessoas competentes e eficazes para a sua execução forem especificamente afetados. Antes disso, o plano é apenas uma boa intenção; na verdade, nem isso.

Por último, a gestão por *objetivos* tem de definir como é que o desempenho pode ser *avaliado* ou, pelo menos, *ajuizado*.

Costuma dizer-se que as instituições de serviço público visam resultados inatingíveis, que desafiam a avaliação. Isto significaria apenas que as instituições de serviço público são incapazes de produzir resultados. Se os resultados não puderem ser objetivamente avaliados, não haverá resultados. Haverá apenas atividade, ou seja, custos. Para produzir resultados, é necessário saber que resultados são desejáveis e determinar se os resultados desejados estão realmente a ser alcançados.

Também não é verdade que as atividades das instituições de serviço público não podem ser avaliadas.

As «missões» são sempre intangíveis, seja nas empresas, seja nas instituições de serviço social. A Sears, Roebuck and Company definiram a sua missão nos anos 1920 como sendo a «loja para a Família Americana». Isto é totalmente intangível. Mas os objetivos que a Sears estabeleceu então para cumprir esta missão (por exemplo, desenvolver uma série de eletrodomésticos que satisfariam o maior número possível de famílias ao preço mais económico) constituíam uma meta operacional a partir da qual se podiam derivar objetivos claros e mensuráveis a respeito da linha de produtos, do serviço, da gama, do preço e da penetração no mercado. Isto, por sua vez, possibilitou a afetação dos esforços e a avaliação do desempenho.

A missão de uma Igreja de «salvar almas» é totalmente intangível. Pelo menos, a contabilidade não é deste mundo. No entanto, o objetivo de levar pelo menos dois terços dos jovens à congregação e às atividades da Igreja é facilmente avaliável.

De forma similar, a «saúde» é intangível. Mas os objetivos para uma maternidade que declara que o número de «surpresas» nos partos não pode ser mais de duas ou três em cada 100 partos; que o número de infeções pós-parto das mães não pode exceder metade de um por cento de todos os partos; e que oito em cada dez dos bebés prematuros nascidos vivos para lá do sétimo mês de gestação devem sobreviver de boa saúde, não são intangíveis, mas bastante fáceis de avaliar.

Ponderar bem a avaliação apropriada é, em si mesma, uma decisão política e, portanto, altamente arriscada. As avaliações, ou pelo menos os critérios de juízo e de aferição, definem o que significa o desempenho. De um modo geral, ditam onde devem ser despendidos os esforços. Determinam se as prioridades são sérias ou se são apenas conversa administrativa. Por isso, deve sublinhar-se que as avaliações têm de ser avaliações de desempenho, e não de esforços. Não é adequado, e é até enganador, usar avaliações que se focam na eficiência da operação e não nos serviços que a agência presta a alguém de fora, seja a outra agência de serviço público ou ao público. A avaliação orienta o esforço e a visão. Um dos problemas centrais das agências de serviço público, e de todas as organizações, é a tendência para orientar os esforços e a visão para o interior, ou seja, para as eficiências, e não para os propósitos do exterior, que dão sentido à existência de uma instituição de serviço público.

Com as avaliações definidas, torna-se então possível organizar o *feedback* dos resultados para as atividades. Que resultados se devem esperar e quando? Com efeito, as avaliações decidem que fenómenos são resultados. Identificar as avaliações apropriadas permite que o administrador passe do diagnóstico para o prognóstico. Pode então determinar o que espera que aconteça e tomar medidas adequadas para ver se isso realmente acontece.

Os verdadeiros resultados da ação não são previsíveis. De facto, se há uma regra para a ação, e em especial para a ação institucional, é que os resultados esperados não serão alcançados. O inesperado é praticamente certo. Mas será que os resultados inesperados são nocivos? Serão mais desejáveis do que os resultados esperados e planeados? Será que os desvios do rumo planeado dos acontecimentos exigem uma mudança de estratégias ou, talvez, uma mudança de objetivos ou de prioridades? Ou será que indicam oportunidades que não foram originalmente vistas, oportunidades que indicam a necessidade de aumentar os esforços e de funcionar com sucesso? Trata-se de perguntas raramente feitas pelo administrador da agência de serviço público. Se não integrar na estrutura de objetivos e estratégias o *feedback* organizado que o obriga a dar atenção a estas questões, é provável que ignore o inesperado e persista na linha de ação errada ou que perca boas oportunidades.

O *feedback* organizado que conduz a uma revisão sistemática e constante dos objetivos, dos papéis, das prioridades e da afetação de recursos deve, portanto, ser integrado no processo administrativo. Permitir que o administrador faça isto é um resultado, e um resultado importante, da gestão por *objetivos*. Se não for obtido, a gestão por *objetivos* não foi adequadamente aplicada.

## O que é a gestão? O que deveria ser?

De forma similar, a *gestão* por objetivos tem de alcançar alguns resultados para que seja adequadamente aplicada.

O primeiro resultado é a *compreensão*. A *gestão* por objetivos é geralmente descrita como um meio de obter acordo. Mas isto é uma simplificação exagerada. A decisão que a GPO identifica e em que se foca: as decisões sobre os objetivos e o seu equilíbrio; sobre as metas e as estratégias; sobre as prioridades e o abandono; sobre a afetação de esforços e de recursos; sobre as avaliações apropriadas, são demasiado complexas, arriscadas e incertas para serem tomadas por aclamação. Para que sejam tomadas de forma inteligente, é preciso *dissensão informada*.

Aquilo que a GPO tem de produzir como primeiro resultado de *gestão* é a compreensão da dificuldade, da complexidade e do risco dessas decisões. É compreender que pessoas diferentes, todas empregadas numa tarefa comum e familiarizadas com esta, definem os objetivos e as metas de maneira diferente, veem prioridades diferentes, e prefeririam estratégias muito diferentes e incompatíveis. Só então é que a decisão pode ser tomada eficazmente.

As decisões a serem tomadas têm também tal complexidade e importância que o administrador responsável não as quererá tomar sem as compreender. A complexidade total de uma questão só pode ser compreendida com base em dissensão informada. Em regra, os «processos contenciosos» não são o melhor meio para tomar essas decisões. A dissensão informada é essencial quando pessoas de boa vontade e com conhecimentos substanciais percebem que veem de maneira muito diferente o mesmo problema, a mesma missão, a mesma tarefa e a mesma realidade. De outro modo, atacam-se os sintomas e não o problema de raiz; perseguem-se trivialidades em vez de resultados.

Foi há quase 50 anos que Mary Parker Follet aplicou as primeiras ideias da psicologia da perceção para observar que numa organização as pessoas que parecem diferir sobre as respostas costumam diferir sobre qual é a questão correta. Os problemas com que o administrador da instituição de serviço público lida são de tal complexidade e têm tantas dimensões que qualquer pessoa só é capaz de ver um aspeto e apenas uma dimensão, em vez da sua configuração completa.

No entanto, a ação eficaz requer uma compreensão da complexidade. Requer a capacidade de ver um problema em todas as suas grandes dimensões. De outro modo, um máximo de esforço não produzirá resultados, mas apenas resultados errados e indesejados.

A *gestão* por *objetivos* é mais um processo administrativo do que um processo político. Isto leva a que seja ainda mais importante o foco na compreensão como primeiro resultado da gestão — usar as visões básicas, as dissensões básicas, as diferentes abordagens à mesma tarefa e ao mesmo problema na organização.

Os principais departamentos do governo federal que foram criados nos últimos 20 anos — o Departamento de Defesa, o Departamento de Saúde, Educação e Bem-Estar (HEW), o Departamento dos Transportes e o Departamento da Habitação e do Desenvolvimento Urbano (HUD) — são normalmente criticados por serem ineficazes e por serem labirintos administrativos. São frequentemente contrastados, em seu detrimento, com agências mais antigas, como o Departamento do Interior ou o Departamento da Agricultura, que, diz-se, são muito mais eficazes. O motivo normalmente alegado para a falta de eficácia destas agências mais recentes é a «falta de direção» ou «divisão interna». Aquilo que tornava eficazes as agências mais antigas, em especial no tempo do *New Deal*, quando alcançaram o auge da eficácia, era, porém, o uso inteligente da dissidência informada por parte dos homens que as lideravam. Harold Ickes, no Interior, ou Henry Wallace, na Agricultura, tinham o grande cuidado de produzir dissensão informada no seio da organização e, assim, de obter compreensão para eles próprios e de criar compreensão para os seus colegas. Assim, quando as decisões sobre os objetivos e as prioridades eram tomadas de forma unilateral pelo líder, e de modo nenhum democraticamente, eram compreendidas em toda a organização; o próprio líder compreendia as alternativas possíveis, bem como a posição do seu pessoal sobre elas.

De forma similar, o sistema japonês de «decisão por consenso» é hoje muitas vezes citado como um exemplo para o decisor americano. No entanto, os japoneses não tomam decisões por consenso; deliberam por consenso. O período aparentemente longo de gestação de uma decisão nas organizações japonesas é dedicado a gerar o máximo de compreensão no seio da organização e a permitir que aqueles que irão participar na ação subsequente exprimam as suas opiniões e as suas definições sobre a questão. Por conseguinte, percebem as posições dos seus colegas e sócios, o que sentem e como sentem. Depois, podem tomar uma decisão que a organização compreende, ainda que muitos no seu seio não concordem necessariamente e preferissem uma decisão diferente. O ponto mais forte do processo japonês é, talvez, o facto de as prioridades poderem ser realmente estabelecidas e tornadas eficazes.

O segundo resultado da gestão por objetivos é produzir *responsabilidade* e *compromisso* no seio da organização; possibilitar o *autocontrolo* por parte do pessoal dirigente e profissional.

O defensor da GPO gosta de falar de «participação». Este é um termo enganador, ou pelo menos inadequado. O resultado desejado é a vontade do indivíduo na organização de concentrar a sua visão e os seus esforços na concretização dos objetivos da organização. É a capacidade de ter autocontrolo; de saber que o indivíduo dá o contributo certo e é capaz de se louvar a si mesmo em vez de ser louvado e controlado pelos outros. O resultado desejado é mais o compromisso do que a participação.

Por esta razão, a abordagem habitual da GPO em relação ao estabelecimento de objetivos para o indivíduo ou para a direção é inadequada, e pode até ser perigosa. Normalmente, a GPO diz ao gestor individual: Estes são os objetivos desta instituição. Que esforços tem que fazer para os promover? A questão certa é: Tendo em conta a nossa missão, quais são os objetivos que pensa que devemos ter, que prioridades, que estratégias? Como contributo para esses objetivos, prioridades e estratégias, que responsabilidades deve esta instituição atribuir a si e ao seu departamento para o próximo ano ou os dois próximos anos? Que objetivos, prioridades e estratégias é que o senhor e o seu departamento visam, separados e distintos dos da instituição? Que contributo poderá dar e que resultados terá de produzir para alcançar esses objetivos? Onde é que vê grandes oportunidades de contribuição e de desempenho para esta instituição e para a sua equipa? Onde vê os grandes problemas?

Escusado será dizer que cabe então ao administrador responsável decidir. Não é necessariamente verdade, como parecem acreditar muitos românticos da gestão, que o subordinado sabe sempre mais. No entanto, também não é necessariamente verdade que o chefe sabe sempre mais. A verdade é que os dois, subordinado e chefe, só podem comunicar se perceberem que diferem nas suas opiniões sobre o que deve ser feito e o que pode ser feito. Também é verdade que só há *gestão* por objetivos se o subordinado assumir responsabilidade pelo desempenho, pelos resultados e, em última análise, pela própria organização.

Os resultados seguintes são as *decisões pessoais*. Como já dissemos, a GPO requer afetação de recursos e concentração de esforços. A *gestão* por objetivos deve resultar sempre na mudança da afetação dos esforços, da distribuição das pessoas e dos trabalhos que fazem. Deve levar sempre a uma reestruturação dos recursos humanos para a concretização dos objetivos. Não é verdade, ainda que a rotina administrativa acredite nisso, mesmo que só subconscientemente, que todos os cargos existentes são os cargos certos e que têm algo com que contribuir. Pelo contrário, o postulado dominante deve ser: qualquer cargo existente pode ser o cargo errado e precisa de ser restruturado ou pelo menos redirecionado. Os títulos dos cargos podem ser sagrados, e em todas as grandes organizações há uma crença tácita, mas fervorosa, de que Deus criou os chefes de secção. Na verdade, a substância do cargo muda com as necessidades da organização; e as tarefas, ou seja, o compromisso específico com os resultados, mudam ainda com mais frequência.

As descrições do cargo podem ser semipermanentes. No entanto, as tarefas devem ser sempre consideradas de curta duração. Um dos propósitos básicos dos objetivos da gestão é forçar a seguinte questão: Quais são as tarefas específicas neste cargo que, tendo em conta os nossos objetivos, as nossas prioridades e estratégias nesta altura, dão o maior contributo?

Se esta questão não emergir, a GPO não foi adequadamente aplicada. Deve determinar qual é a concentração certa de esforços e quais são as prioridades em termos de pessoal, e depois converter as respostas em ação pessoal. Se isto não for feito, pode haver objetivos, mas não há gestão.

Igualmente importantes e intimamente relacionados são os resultados em termos de *estrutura da organização*. Se o trabalho em organizações durante os últimos 40 anos nos ensinou alguma coisa é que a estrutura segue a estratégia. Há apenas um pequeno número de modelos de organização disponíveis para o administrador. O modo como este número limitado de modelos de organização é usado é amplamente determinado pelas estratégias que uma organização adota, que, por sua vez, é determinado pelos seus objetivos. A *gestão* por objetivos deve permitir ao administrador pensar a estrutura da organização. A estrutura da organização, embora não seja em si mesma uma política, é uma ferramenta de política. Qualquer decisão sobre a política, ou seja, qualquer decisão sobre os objetivos, as prioridades e as estratégias, tem consequências para a estrutura da organização.

O resultado da gestão por objetivos é a *decisão*, tanto a respeito dos objetivos e dos níveis de desempenho da organização como da sua estrutura e do seu comportamento. Se a GPO não conduzir à decisão, não tem quaisquer resultados; foi um desperdício de tempo e de esforço. O teste da GPO não é conhecimento, mas ação eficaz. Isto significa, acima de tudo, decisões arriscadas.

A literatura fala muitas vezes da GPO como uma «ferramenta para resolver problemas». No entanto, a sua aplicação adequada é um meio para definir e reconhecer problemas. Talvez ainda mais importante, é um meio de prevenção de problemas.

Assim, a GPO não é um processo para implementar decisões, uma tentativa sistemática de definir, deliberar e decidir. Preencher formulários, por muito bem concebidos que sejam, não é gestão por objetivos nem autocontrolo. Os resultados é que o são!

A GPO é muitas vezes designada como uma ferramenta de planeamento. Não é o mesmo que o planeamento, mas é o núcleo do planeamento. Costuma dizer-se que a GPO é uma ferramenta de gestão. Mais uma vez, não é a gestão, mas o núcleo da gestão. Não é a maneira de *implementar* decisões sobre política, objetivos, estratégias, estrutura da organização ou pessoal. É o *processo* pelo qual as decisões são tomadas, os objetivos são identificados, as prioridades e as posterioridades são estabelecidas e a estrutura da organização é concebida para as finalidades específicas da instituição.

É também o processo de as pessoas se integrarem na organização e de se orientarem para os seus objetivos e propósitos. A introdução da GPO nas instituições de serviço público, em especial nas agências governamentais durante os últimos anos, pode ser assim o primeiro passo para as tornar eficazes. Até agora, é apenas um primeiro passo. Aquilo que, até agora, de um modo geral, foi introduzido é o processo, e há o perigo de ser confundido com a substância. No entanto, a grande necessidade da instituição pública não é o processo; a maioria delas tem todos os processos de que precisam. A grande necessidade é o desempenho. De facto, o desempenho da instituição de serviço público pode ser a necessidade fundamental e central da sociedade moderna. A gestão por objetivos e o autocontrolo devem ajudar a satisfazer parte desta necessidade. No entanto, o seu sucesso depende do administrador: ao aplicar a GPO, deve obter os resultados certos, tanto a respeito dos *objetivos* como da *gestão*.

CAPÍTULO SEIS

# A redescoberta iminente da Gestão Científica[8]

TODOS «CONHECEM» OS SEGUINTES «FACTOS» sobre Frederick Winslow Taylor: o seu objetivo era a «eficiência», o que significava reduzir os custos e aumentar os lucros. Taylor pensava que os trabalhadores reagiam sobretudo aos incentivos económicos. Inventou a «aceleração» e a linha de montagem. Considerava apenas o trabalhador individual e não o grupo de trabalho. Via os trabalhadores como «máquinas», que deviam ser usados como máquinas. Queria pôr todo o poder e controlo nas mãos da administração, enquanto mostrava um desprezo profundo pelos trabalhadores. E foi o pai da «teoria clássica da organização», com as suas pirâmides hierárquicas, o seu conceito de extensão do controlo, as suas funções, etc.

No entanto, até a leitura mais superficial de Taylor[9] mostra logo que todos estes «factos bem conhecidos» são puros mitos.

O tema central de Taylor, que repetiu vezes sem conta, era a necessidade de substituir a guerra industrial pela harmonia industrial e o medo na fábrica pela confiança mútua. Isto requeria, diz ele, quadro grandes mudanças:

1. Em primeiro lugar, requeria salários mais altos. De facto, Taylor exigia a cada administração que começasse a introduzir a «gestão científica» — ou seja, o estudo sistemático do trabalho e das tarefas —, que se

[8] Publicado pela primeira vez em *The Conference Board Record*, junho de 1976.

[9] As três obras de Taylor sobre a «gestão científica» são *Shop Management*, publicado em 1903 sob os auspícios da American Society of Mechanical Engineers, depois de ter sido lido num encontro da Society em junho de 1903, em Saratoga, Nova Iorque; *Principles of Scientific Management*, escrito em 1909, para ser publicado pela American Society of Mechanical Engineers, mas rejeitado pela Society por não ser suficientemente «científico», o que levou Taylor a fazê-lo circular em privado em 1911, tendo depois autorizado a Harper & Brothers a publicá-lo; e a sua demonstração mais abrangente, o seu Testemunho de cinco dias, de 25 a 30 de janeiro de 1912, diante de uma Comissão Especial da Câmara dos Representantes. Todos os três documentos foram coligidos num volume, *Scientific Management*, publicado pela primeira vez pela Harper & Row em 1947 e depois reeditado muitas vezes. Todas as citações deste ensaio foram retiradas deste volume.

comprometesse desde o início, antes de começar o próprio estudo, a um aumento de salário de trinta a cem por cento. E na sua primeira tentativa de descrever aquilo a que chamava então «sistema de tarefas» em *Shop Management*, dizia logo no início: «Este livro foi escrito sobretudo com o objetivo de defender *salários altos* — como o alicerce da melhor gestão.» Acreditava que a produtividade resultante do trabalho bem feito possibilitaria salários altos e, com efeito, providenciaria aquilo a que hoje chamaríamos «afluência». E Taylor acreditava fortemente que o trabalhador devia receber o benefício *pleno* da maior produtividade obtida pela «gestão científica», quer na forma de salários mais altos, quer em menos horas de trabalho.

No entanto, Taylor não pensava que os incentivos económicos, por si mesmos, iriam motivar. Antecipava praticamente todos os estudos mais tardios da escola das relações humanas ou de Frederick Herzberg, afirmando que os salários mais altos não providenciariam, só por si, motivação, mas que a insatisfação com o salário é um forte entrave e destrói a motivação. (O termo «motivação» era, obviamente, desconhecido para Taylor — só entrou no uso geral nos anos 1920; Taylor fala de «iniciativa».)

2. A segunda grande necessidade, segundo Taylor, era eliminar a tensão e os danos físicos causados pela realização incorreta do trabalho. Por várias vezes, observou que a «gestão científica» aligeirava o grande peso físico e conservava a energia. De forma repetida, observava como o trabalho tradicional cria ferimentos, fadiga, tensão, diminui as faculdades e desgasta o corpo. Numa passagem na introdução de *Principles of Scientific Management*, que parece estranhamente contemporânea, Taylor compara a preocupação então popular com a destruição irresponsável de recursos físicos como as florestas, o carvão ou o petróleo, com o desprezo pelo desperdício e a destruição do recurso humano.
3. Em terceiro lugar, Taylor acreditava que a «gestão científica» produziria harmonia industrial, providenciando os meios para o desenvolvimento pleno da personalidade humana. No seu Testemunho, declarou:

   *É dever dos administradores estudarem deliberadamente o carácter, a natureza e o desempenho de cada trabalhador, com vista a perceber, por um lado, as suas limitações e, por outro, ainda mais importante, as suas possibilidades de desenvolvimento; e depois, da forma mais deliberada e mais sistemática possível, treinar, ajudar e ensinar esse trabalhador, dando-lhe, sempre que possível, as oportunidades de progresso que lhe permitirão realizar a classe de trabalho mais interessante e mais rentável que as suas aptidões naturais lhe ditam e que estão abertas a ele na companhia particular em que está empregado. Esta seleção científica do trabalhador e do seu desenvolvimento não é um ato único; continua de ano para ano e está sujeita ao estudo constante por parte da administração.*

Taylor não só pregava isto, como também o praticava. Uma das suas inovações mais importantes, em que ele insistia em todas as fábricas onde introduzia a «gestão científica», era a nomeação de pessoas cuja tarefa principal era identificarem as aptidões no grupo de trabalho e ajudarem os trabalhadores a adquirirem o treino e a aptidão para avançarem para funções melhores, mais altamente qualificadas, mais responsáveis e, acima de tudo, superiores. Insistia — com mais sucesso no seu trabalho na Bethlehem Steel — que ninguém devia ser despedido como resultado da «gestão científica», mas que o desgaste e a rotação normal fossem usados para colocar o trabalhador noutra função na fábrica. Repetidamente, sublinhava a necessidade de enriquecer as funções e os trabalhos e de torná-los maiores, em vez de confiná-los a uma operação repetida. E realçava o dever da administração de descobrir para o que é que um homem é mais indicado — e depois certificar-se de que ele realiza esse tipo de trabalho. Taylor dizia que, excetuando os poucos capazes de trabalhar, mas que não o querem fazer, existem apenas «homens de primeira classe». Cabe à administração certificar-se de que têm a oportunidade de se distinguirem.

4. Por último, para Taylor, «gestão científica» significava a eliminação do «chefe».

> *Se há alguma coisa característica da gestão científica é o facto de os homens dantes chamados chefes no velho tipo de gestão se tornarem, com a gestão científica, serventes dos trabalhadores. É seu dever servirem os trabalhadores e ajudarem-nos de todas as maneiras.*

Além disso, o que Taylor queria dizer com «chefia funcional» é aquilo a que hoje chamamos «organização por matriz». Nada tinha que ver com a «organização clássica» e a sua «hierarquia», que ia claramente contra os princípios básicos de Taylor.

## O verdadeiro Taylor

Ao contrário de tudo o que se lê sobre Taylor, não se interessava nos lucros nem nos custos. O seu interesse era aquilo a que hoje chamaríamos «produtividade» (uma palavra desconhecida no seu tempo). Longe de ser um admirador da administração, Taylor era fortemente crítico: «Nove décimos dos nossos problemas têm sido pôr o lado da administração a fazer a sua parte do trabalho, e só um décimo dos problemas vem do lado dos trabalhadores.»

No seu Testemunho, não hesitou em considerar a administração da U. S. Steel «deplorável» e até «vergonhosa». De forma repetida, e com forte amargura, atacava os altos administradores que recusavam pagar mais do que o «salário normal» e que se opunham à «gestão científica» porque, neste sistema, um trabalhador ganharia logo 6,50 dólares ao dia, enquanto, na altura, o «salário normal» era de 5 dólares diários. Foi demitido do cargo de superintendente da Midvale Steel — a empresa onde começara a trabalhar aos dezoito anos como aprendiz de artesão e onde começou a desenvolver aquilo que mais tarde seria conhecido como «gestão científica» — porque insistia em dar aos trabalhadores o benefício pleno da produtividade aumentada em vez de manter os salários baixos e aumentar os lucros. A maioria das administrações mantinha-o fora das suas fábricas por ser um «radical perigoso» e um «problemático».

Taylor acreditava fortemente no trabalho de equipa. No seu Testemunho, apontou para a Mayo Medical Clinic como o melhor exemplo da prática da «gestão científica», porque conseguira que um grupo de dez médicos e cirurgiões trabalhasse como uma equipa.

Do mesmo modo, como toda a gente parece acreditar, Taylor não queria dar todo o controlo à administração nem separar o trabalhador da administração. Pelo contrário, era isto que ele dizia, e praticava:

> *[...] neste novo tipo de administração, não há um ato ou trabalho feito por alguém na fábrica que não seja precedido e seguido por algum ato da parte de um dos homens da administração. [...] Primeiro, o trabalhador faz uma coisa; depois, o homem da administração faz uma coisa e, em seguida, o trabalhador faz uma coisa; e nesta cooperação íntima, próxima e pessoal entre os dois lados, torna-se praticamente impossível ter um problema sério.*

De facto, Taylor via a «gestão científica» como uma tarefa conjunta de administradores e trabalhadores.

Por último, Taylor nada teve que ver com a linha de montagem. Não há qualquer evidência de que Otto Doering da Sears Roebuck e Henry Ford, que, entre 1903 e 1910, desenvolveram a primeiras linhas de montagem na empresa de entregas e na fábrica automóvel, respetivamente, alguma vez tivessem ouvido falar de Taylor ou da «gestão científica». Não há dúvida de que Taylor nunca ouvira falar da linha de montagem. Em 1911–1912, quando Taylor redigiu os seus últimos textos (tinha apenas 56 anos, mas já estava envelhecido), a linha de montagem ainda estava longe no horizonte. Só se tornou plenamente visível após o fim da Primeira Guerra Mundial, altura em que Taylor já estava morto. E há bons motivos para crer que Taylor teria sido muito crítico da linha de montagem e que a teria considerado um método muito fraco. Violava os seus princípios básicos: a liberdade de iniciativa do trabalhador individual; o reforço do grupo de trabalho; e, acima de tudo, a descoberta, o treino e o desenvolvimento do indivíduo para a função que melhor se lhe ajustava.

## Contra a ignorância

Há poucos casos na história intelectual em que aquilo que um homem disse e fez e aquilo que se pensa que disse e fez é tão diferente. A questão, portanto, consiste em saber porque é que Taylor é tão mal representado.

A explicação convencional é que ele era um «prisioneiro da psicologia do século XIX». Mas isto é um disparate. O problema de Taylor era estar tão à frente do seu tempo que ninguém — ou muitos poucos — ouvia e muito menos compreendia o que ele dizia ou fazia. Em muitos aspetos, e na sua maioria, Taylor era um forte crente naquilo a que hoje se chama a Teoria Y. Afirmou muitas vezes que a administração era contraproducente por medo. Por vezes, parecia-se com McGregor, outras, Argys — por exemplo, na sua crítica constante da resistência da organização a aceitar o trabalhador como um ser humano. Preocupava-se com a «qualidade de vida», para usar a terminologia atual. No início do seu Testemunho, declarou:

> *A gestão científica não é um dispositivo de eficiência, não é nenhum tipo de dispositivo para garantir eficiência. Tão-pouco é um grupo de dispositivos de eficiência. Não é um novo sistema de calcular custos; não é um novo esquema de pagamento aos trabalhadores; não é um sistema de trabalho à peça; não é um sistema de bónus; não é um sistema de prémios; não é um esquema de pagamento; não é cronometrar um homem e registar o que faz; não é o estudo do tempo; não é o estudo dos movimentos nem uma análise dos movimentos dos homens; não são chefias divididas nem chefias funcionais; não é nenhum dos dispositivos em que o homem comum pensa quando se fala de gestão científica.* Na sua essência, a gestão científica envolve uma revolução mental completa da parte dos trabalhadores — e da parte da administração, do capataz, do superintendente, do proprietário da empresa, do Conselho de Administração — quanto aos deveres em relação aos seus colegas trabalhadores na administração, em relação aos seus trabalhadores e a todos os seus problemas. (*Itálico meu.*)

Mas isto estava tão à frente de 1910 que poucos ouviam o que Taylor dizia. Aquilo que as pessoas ouviam, ao invés, era o que Taylor dizia que não era a gestão científica. E, até hoje, estas são as coisas que são ensinadas na maioria das escolas de engenharia como «gestão científica» e engenharia industrial, e que são afirmadas na maioria dos livros como aquilo que Taylor defendia.

Mas Taylor também cometeu a ofensa imperdoável de provar que os «ismos» eram irrelevantes — e, por isto, nem a direita nem a esquerda alguma vez o perdoariam. O «sistema», sugere Taylor, não importa. O que importa é a tarefa, a função e o trabalho. A economia não é feita pelo «capitalismo» ou pelo «socialismo». É feita pela produtividade. Taylor falava do «dever» dos proprietários; nunca falava dos seus «direitos». Falava da «responsabilidade» dos trabalhadores; nunca disse nada sobre serem «explorados». Por outras palavras, Taylor não responsabilizava o «sistema», nem esperava grandes alterações de uma «mudança do sistema». A sua revolução era mental, e não social. Isto ia contra as crenças mais profundas de 1910 — e ainda vai contra as atuais crenças dominantes.

Isto não importaria muito se Taylor não tivesse sido bem-sucedido. Em todos os lados em que a sua abordagem foi aplicada, a produtividade aumentou muitas vezes, os salários reais dos trabalhadores tiveram uma subida acentuada, o número de horas de trabalho diminuiu e o esforço físico e mental dos trabalhadores foi reduzido. Ao mesmo tempo, as vendas e os lucros aumentaram, enquanto os preços desceram. Quanto mais bem-sucedido era Taylor, maior era a hostilidade que sofria por parte das ideologias dominantes.

Por último, há o facto horrível de Taylor se preocupar com o trabalho. Taylor foi o primeiro homem da história que, efetivamente, estudou o trabalho a sério. Isto tem uma importância histórica. É claro que desde há muito que as pessoas falavam do trabalho. Mas ninguém pensara que o trabalho era merecedor de um estudo sério. De facto, o trabalho passava claramente ao lado da atenção dos eruditos.

Taylor estava bem ciente disto: «[...] os professores deste país [...] não gostam do termo "ciência" aplicado a algo tão trivial como os assuntos vulgares e quotidianos da vida.» Mas não era apenas o uso do termo «ciência», mesmo na definição de Taylor como «qualquer tipo de conhecimento classificado ou organizado», que «os professores deste país» (diríamos «os intelectuais») levam a mal e rejeitam. É sobretudo a crença de que o trabalho — o trabalho suado, sujo e duro como apanhar areia com pá e mover ferro fundido — oferece um desafio intelectual e que pode e deve ser agradável e compensador, tanto em termos económicos como psicológicos.

Os «professores» acreditam na «criatividade». Taylor acreditava no trabalho sistemático, duro e ordenado. Os «professores» acreditam numa «elite», por muito que preguem a «igualdade». Taylor não acreditava na «igualdade». Sabia que as pessoas diferiam nas suas capacidades. Mas considerava qualquer pessoa um «homem de primeira classe» que fizesse o trabalho e a função para que estava indicado, e, a este título, com direito a todas as oportunidades, a um bom salário e, acima de tudo, ao respeito. Taylor pensava que a administração tinha o dever de perceber para o que cada homem estava mais indicado, de ajudá-lo a chegar a esse nível e de lhe permitir trabalhar e ser bem-sucedido organizando as suas tarefas, fornecendo as ferramentas e a informação necessárias, e dando-lhe um apoio administrativo adequado e formação contínua. Mas os «professores» deste mundo ainda tendem a crer, apesar de inconscientemente, que o trabalho é uma coisa de escravos.

## O mundo a aprender

Entre os «criadores do mundo moderno», Taylor é raramente mencionado. No entanto, teve tanto impacto quanto Marx ou Freud. Na verdade, fomos além de Taylor e temos de ir mais além. Mas atacar Taylor porque, por exemplo, tinha mais fé no poder da razão para convencer e converter pessoas do que nós, que vivemos depois de duas guerras mundiais, podemos crer, é um disparate. É o mesmo que atacar Newton por não ter inventado a geometria não-euclidiana ou descoberto a teoria da relatividade.

Apesar dos seus detratores, Taylor triunfou. Triunfou naquilo que mais lhe importava — o trabalho manual. Quando previu, no seu Testemunho, que «o trabalhador desse tempo [dali a um século] viverá tão bem ou quase tão bem quanto vive hoje o empresário da classe alta, no que diz respeito às necessidades da vida e à maioria dos seus luxos», as pessoas riram-se; no entanto, foi exatamente isto que aconteceu nos países desenvolvidos, sobretudo como resultado da aplicação dos princípios de Taylor. Aconteceu precisamente como Taylor previra — nomeadamente, «aumentando fortemente a produção dos homens sem lhes aumentar materialmente o seu esforço». Isto ocorreu porque aprendemos a estudar as tarefas, a organizá-las, a planeá-las, a dar as ferramentas e as informações certas, ainda que ninguém possa dizer que alcançámos a perfeição.

No entanto, o maior impacto de Taylor ainda pode estar por vir. Em primeiro lugar, os países subdesenvolvidos e em desenvolvimento estão agora a chegar a uma fase em que precisam de Taylor e da «gestão científica». Chegaram agora ao ponto em que o seu principal objetivo deve ser salários mais altos, mas com custos de trabalho mais baixos, ou seja, maior produtividade do trabalho manual. Para eles, é agora tão verdade quanto para os Estados Unidos há 80 anos que a «subprodução» é a grande responsável pelo facto de, como Taylor disse na América de 1900, «as pessoas mais pobres terem muito menos coisas; de terem comida pior; de pagarem preços mais altos pelas suas rendas; de poderem comprar menos roupas para vestir do que deviam ter; por outras palavras, de, em muitos casos, não terem aquilo de que necessitam e, em todos os casos, de não terem os luxos da vida que deviam ter».

Mas a necessidade de reestudar e aplicar Taylor pode ser maior nos países desenvolvidos, ou seja, nos países que se tornaram desenvolvidos porque aplicaram os princípios de Taylor ao trabalho manual. Estes são os países em que Taylor deve ser agora aplicado ao trabalho do conhecimento.

## Tornar o trabalho mental mais produtivo

Nos seus textos e no seu Testemunho, Taylor enfatizava que nenhuma fábrica ou nenhuma ferrovia usava mais do que um pequeno número de elementos da «gestão científica». O exemplo perfeito de «gestão científica» em ação, que

Taylor citava, era a Mayo Clinic (pela qual Taylor não revindicava nenhum crédito). Por outras palavras, o próprio Taylor estava perfeitamente ciente de que a «gestão científica» se aplicava tanto ao trabalho do conhecimento como ao trabalho manual.

Para que o trabalho do conhecimento se torne plenamente produtivo, são necessárias muitas coisas em que Taylor não pensava. Requer objetivos e metas. Requer prioridades e medições. Requer o abandono sistemático das tarefas que já não produzem e dos serviços que já não são necessários. Também requer organização, em grande parte segundo as linhas da «organização por matriz» que Taylor pretendia na sua «chefia funcional».

Contudo, para que o trabalho do conhecimento se torne produtivo, também é necessário o «estudo da tarefa» e a «gestão da tarefa». Requer a análise do próprio trabalho. Requer a compreensão dos passos necessários, da sua sequência e da sua integração num processo organizado. Requer o fornecimento sistemático das informações e das ferramentas necessárias. Todos estes são conceitos da «gestão científica». Não requer «criatividade». Requer o trabalho duro, sistemático, analítico e sintético que Taylor desenvolveu para lidar com as tarefas de apanhar areia com pá, de levantar ferro fundido, de operar máquinas de papel ou de assentar tijolos.

O trabalho do conhecimento já paga os salários altos que eram o objetivo de Taylor. Agora tem de alcançar a produtividade que justifica os salários altos. E isto exige, acima de tudo, mudanças nas «atitudes mentais» e a «revolução mental completa» de Taylor por parte do trabalhador do conhecimento e da sua administração.

Hoje, não é preciso nem enterrar nem louvar Taylor. Devemos aprender com ele. Devemos fazer para o trabalho do conhecimento e para o trabalhador do conhecimento aquilo que, há um século, Taylor fez para o trabalho manual e para o trabalhador manual.

CAPÍTULO SETE

# O Conselho de Administração aborrecido[10]

| PROCURA-SE AJUDA |
| --- |
| Grande empresa com movimentos de milhares de milhões de dólares procura membro profissional para o conselho de administração. Oferecemos plano de enriquecimento da função de pôr carimbos, no sentido da tomada ativa de decisões. Exigem-se 40–50 dias por ano de trabalho intenso. Salário alto. Oportunidade rara. Não aceitamos presidentes de empresas nem advogados. |

Estre tipo de anúncio de «procura de ajuda» é aquilo que eu diria a um potencial candidato para um conselho de administração. Dir-lhe-ia que não procuro apenas sangue novo, mas que quero reformular todo o órgão — porque, quando os conselhos de administração foram concebidos há centenas de anos, ninguém previa o mundo em que hoje funcionam mal.

Em todo o mundo ocidental, os conselhos de administração estão sob ataque e a serem alterados. Nos países de direito germânico — Alemanha, Holanda, Áustria e Escandinávia —, existe a «codeterminação», ou seja, uma representação sindical nos conselhos de administração. Na Suécia, o governo nomeia representantes públicos para os conselhos de administração das grandes empresas. Nos Estados Unidos, cada vez mais empresas admitem «representantes» de vários grupos «minoritários — negros, mulheres ou consumidores — nos seus conselhos de administração. Cada vez mais elegem «membros do público» para representarem o «interesse público».

Estas mudanças não se limitam aos conselhos de administração das empresas. Talvez haja ainda mais pressão para mudanças nos conselhos de administração convencionais das universidades, dos hospitais e das sociedades profissionais. Uma das primeiras medidas de Jerry Brown, quando eleito governador da Califórnia, foi colocar um representante dos estudantes no Conselho

[10] Publicado originalmente em *The Wharton Magazine*, outono de 1976.

de Regentes da Universidade da Califórnia. Na Associação Médica Americana, uma das maiores lutas dos anos recentes centrou-se na reivindicação dos jovens médicos em formação, internos e residentes de estarem representados no conselho de administração da associação — uma luta que acabaram por vencer. Agora fazem pressão para estarem representados nos conselhos de administração dos hospitais.

Todas estas pressões partem do princípio de que o conselho de administração é importante. Pressupõem que o conselho de administração, seja de uma empresa, de uma universidade ou de uma instituição de serviço público, é realmente o «órgão governante».

No entanto, não há indícios que suportem este pressuposto. Pelo contrário, anos de experiência indicam que o conselho de administração se tornou um *roi fainéant*, uma ficção jurídica impotente e cerimonial. É certo que não «conduz os negócios da empresa», nem na América nem na Europa. A vida no conselho de administração não é interessante nem excitante. Pelo contrário, é uma pasmaceira. Os membros do conselho de administração estão geralmente mais aborrecidos com a rotina do que entusiasmados por manipularem as alavancas do poder.

Em todas as grandes catástrofes empresariais dos últimos 40 ou 50 anos, desde o colapso do banco austríaco Credit Anstalt em 1931, que obrigou a Grã-Bretanha a sair do padrão-ouro e que desencadeou o desmoronamento do sistema bancário americano, até às ruínas recentes do Penn Central ou do Franklin National Bank, parece que os membros do conselho de administração foram as últimas pessoas a saberem que alguma coisa estava a correr mal. De forma similar, nas revoltas estudantis dos anos 1960, os conselhos de administração das universidades foram apanhados de surpresa, sem a mínima ideia do que se estava a preparar. Os conselhos de administração dos hospitais — que, segundo a lei, detêm os hospitais, têm todo o poder e tomam todas as decisões — raramente se envolvem nos debates sobre os custos, o controlo e as práticas das suas organizações.

E, nos escândalos de corrupção nas empresas, os conselhos de administração mostraram-se igualmente ignorantes, mal informados e impotentes. O facto de a Lockhead estar a fazer subornos, mal disfarçados como «comissões», era um segredo de Polichinelo muito antes de ter chegado aos jornais em 1975–76. As únicas pessoas importantes que pareciam nada saber sobre isso eram os diretores da Lockheed. A mesma ignorância e impotência foram manifestadas pelos conselhos de administração da Northrop e da Gulf Oil nos escândalos de corrupção destas empresas. As gerências não viam motivos para informar os seus conselhos de administração, e estes não viam motivos para perguntar — e, se tivessem perguntado, não teriam recebido respostas.

Alguns membros dos conselhos de administração, conscientes da sua impotência, começam a queixar-se de que não servem uma função e que são mantidos ocupados com trivialidades, mesmo quando querem fazer algum trabalho sério. Eu, por exemplo, trabalhei durante seis anos no conselho de administração de uma universidade estatal em Nova Jérsia, que estava a crescer depressa. Os membros do conselho de administração estavam genuinamente interessados na universidade. A maioria tinha uma experiência considerável no ensino, na investigação e na administração. Os outros tinham alguma experiência política. O conselho de administração reunia-se pelo menos uma vez por mês, por volta das cinco horas da tarde, e, normalmente, à meia-noite, ainda estava a trabalhar. No entanto, raramente abordávamos as questões que mais importavam aos membros do conselho: as políticas educativas; a direção da universidade; ou as relações entre a administração, o corpo docente e os estudantes.

Ao invés, o nosso tempo era ocupado com licenças de maternidade das professoras de Espanhol, a tratar de isenções de propinas para estudantes estrangeiros, de promoções de pessoas de quem nunca tínhamos ouvido falar, ou da aquisição de terrenos para um novo parque de estacionamento. Com frequência, tentávamos abordar as questões que sabíamos serem importantes, questões em que também nos considerávamos competentes. Mas éramos sempre lembrados pela representante do Conselho Estadual de Educação Superior (que participava em todas as reuniões) de que a lei do Estado nos limitava aos assuntos triviais. No entanto, ao mesmo tempo, também nos dizia que a lei estadual impunha licenças de maternidade, promoções e parques de estacionamento; assim, tinham de ser aprovados independentemente de como votássemos.

A mesma situação existe até em grandes empresas. As reuniões do conselho de administração raramente abordam mais do que assuntos triviais: aprovação de uma série de promoções que já são um facto adquirido; aprovação de orçamentos de curto prazo que poucos membros do conselho são capazes de entender, quanto mais de analisar em profundidade; aprovação dos resultados operativos do mês passado, quando se tornaram história passada; ou debates acesos sobre o direito do gerente de uma filial a assinar cheques.

Muitos membros de conselhos de administração que conheci têm as suas próprias histórias de frustração, de confusão e de tempo perdido. Muitos, incluindo eu próprio, já não estão dispostos a trabalhar em conselhos de administração, pois não pensamos que podemos contribuir para alguma coisa nessas circunstâncias.

Para que os conselhos de administração funcionem com algum propósito sério, são necessárias algumas grandes mudanças. Mudar simplesmente os membros do conselho de administração não o torna mais eficaz. Por exemplo, os administradores da indústria alemã opõem-se fortemente à ampliação da codeterminação. Mas todos os gerentes alemães com que falei afirmaram que a codeterminação não fez qualquer diferença na maneira como os seus conselhos de administração funcionam — ou melhor, não funcionam — e na maneira como administram a empresa. De forma similar, a série de membros de conselhos de administração que representam grupos minoritários ou mulheres —

ou até consumidores — nos conselhos da América não fez qualquer diferença visível na maneira como as empresas são administradas.

A crise dos conselhos de administração não é, como pressupõe tacitamente a discussão corrente, um problema de «pessoas certas». Sempre que uma instituição funciona mal, como os conselhos de administração têm funcionado em quase todos os grandes fracassos dos últimos 40 ou 50 anos, é fútil culpar as pessoas. O que funciona mal é a instituição. A grande organização complexa — seja uma empresa, uma universidade ou um hospital — mudou de tal maneira que o conselho de administração tradicional, tal como considerado pela lei e pelo costume, já não funciona e já não pode funcionar.

As regras para os conselhos de administração no nosso direito empresarial, tanto na América como na Europa, foram redigidas em meados do século XIX. Pressupõem uma empresa pequena e regional, ou até local. Esta empresa tem um ou dois produtos. É detida por um número muito pequeno de indivíduos, as pessoas que a fundaram ou os seus descendentes. Além disso, a sua parte no negócio é a maior, se não única, propriedade dessas pessoas ou das suas famílias. Por isso, têm um forte interesse no seu desempenho e no seu êxito. Nesta situação, o conselho de administração pode ser o que o direito espera que seja, ou seja, conhecedor e próximo dos assuntos da empresa. E pode dar orientação à gerência.

No entanto, esta instituição é muito diferente da corporação multinacional, com uma multiplicidade de mercados, produtos e tecnologias; com fábricas em 20 países, laboratórios de pesquisa em cinco países e departamentos de vendas em 60 países; com uma estrutura complexa de gestão e com o controlo da sua propriedade (como em todas as empresas americanas privadas) nas mãos de centenas ou mais fundos de pensões dos empregados, ou seja, nas mãos de «mandatários» e não dos «proprietários».

O conselho de administração da universidade remonta ao pequeno colégio religioso e servia originalmente para ligar uma congregação protestante à sua própria instituição educativa. Compare-se isto com a «multiversidade» atual, com os seus 25 mil alunos, 4000 professores e mais 8000 empregados; as suas seis camadas de vice-presidentes, reitores e presidentes; as suas 40 escolas e departamentos principais; e o seu orçamento de 100 milhões de dólares. O conselho de administração do passado torna-se uma velha piada.

O conselho de administração do hospital ainda reflete o tempo — há menos de um século — em que o hospital era sobretudo um lugar para os pobres morrerem com alguma decência. Nesse tempo, tinha sentido que o conselho de administração do hospital se encarregasse de solicitar à comunidade doações de caridade. O hospital atual é o centro da comunidade de cuidados de saúde e de tecnologia médica avançada. É também a instituição humana mais complexa, com uma profusão de serviços e de profissões de saúde com que ninguém sonhava há 50 anos. Quase todos os seus rendimentos veem de «pagamentos de terceiros» — do governo, da Cruz Vermelha ou das seguradoras privadas —, e não da caridade ou de pagamentos diretos dos pacientes. Neste caso, é pouco apropriado um conselho de administração composto de cidadãos locais bem--intencionados emprestar os seus nomes para a angariação de fundos.

É claro que o conselho de administração não pode fazer o que a lei diz que ele deve fazer, ou seja, «gerir». A gestão das instituições complexas atuais é um trabalho a tempo inteiro e não é para amadores, mesmo que bem-intencionados, sensíveis e com experiência na gestão das suas próprias instituições.

Mas como fica o conselho de administração? Tem alguma função, ou será uma coisa obsoleta?

Duas pessoas tão diferentes como John D. Rockefeller, Sr., fundador do Standard Oil Trust para o folclore e história dos Estados Unidos, e Franklin D. Roosevelt, pai do *New Deal*, viam os conselhos de administração tradicionais como puro excesso de peso. Ambos tentaram eliminá-los. Rockefeller tinha de ter um conselho de administração na sua empresa — a isso o obrigava a lei. Mas contornou a lei criando o «conselho interno» dos executivos da empresa, que se reuniam cerca de uma vez por semana, mas que eram gestores durante o resto do tempo. Franklin D. Roosevelt, quando criou a Tennessee Valley Authority (TVA), vetou um conselho de administração externo a tempo parcial. Em vez disso, deu à TVA o «conselho interno» ao estilo de Rockefeller com gestores a tempo inteiro. Os dois homens usavam o mesmo argumento: «Há uma função de gestão a ser feita. Requer trabalho a tempo inteiro e concentração exclusiva nos assuntos da empresa. Não queremos gente de fora a tempo parcial.»

A única função do atual conselho de administração, dizem muitos executivos, é a função que a Constituição americana atribui ao vice-presidente: manter-se sem uma verdadeira função, até que haja uma crise de sucessão. Os conselhos de administração modernos tendem a agir apenas quando a direção colapsa, quer pela morte do incumbente, quer por causa do seu fracasso total.

Apesar do apêndice anacrónico em que a maioria dos conselhos de administração se tornou, há necessidade de um conselho de administração externo eficaz e verdadeiramente independente para a grande instituição complexa, seja uma empresa privada seja um serviço público. Esta necessidade não se enraíza principalmente no «interesse público» ou no desejo de tornar os conselhos de administração «democráticos». A necessidade é, sobretudo, da própria instituição: só pode funcionar bem em toda a sua complexidade se tiver um conselho de administração eficaz.

Se alguma prova fosse necessária, seria dada pelos escândalos de corrupção dos anos recentes, como o da Lockheed. Neste caso, não foi a direção que saqueou uma empresa; pelo contrário, a direção pretendia promover os interesses da empresa e dos seus empregados — e, no que diz respeito às vendas de aviões militares, até o interesse do país, da sua política externa e da sua balança de pagamentos. Nenhuma lei podia ter prevenido estas ações. No entanto, qualquer pessoa objetiva de fora teria visto, quase de imediato, que estes subornos eram grosseiramente antiéticos e grosseiramente irresponsáveis, que, a curto prazo, iriam prejudicar ou até destruir a empresa. Este tipo de irresponsabilidade — e a irresponsabilidade bem-intencionada é a pior de todas — só pode ser prevenido por um conselho de administração externo.

Há seis funções essenciais que só um conselho de administração eficaz pode desempenhar.

Em primeiro lugar, as instituições precisam de uma administração forte e competente. Só um conselho de administração forte, eficaz e independente pode assegurar a competência da administração. Um forte conselho de administração é necessário para remover uma direção que não seja totalmente competente. E só um forte conselho de administração pode obrigar os incumbentes a gizarem planos adequados para preparar, formar e testar os sucessores da direção.

A nossa sociedade depende demasiado das nossas instituições grandes e complexas para que as suas direções sejam deixadas ao acaso. No entanto, hoje em dia, em especial nas grandes empresas privadas, o CEO, depois de instalado, só pode ser removido por causa de um desastre ou uma trombose coronária. É raro o conselho de administração que se atreve a remover um presidente apenas incompetente, e muito menos um presidente apenas medíocre. No entanto, todas as várias partes interessadas das nossas instituições importantes (acionistas, empregados, clientes ou contribuintes) devem certificar-se de que a direção responde verdadeiramente a um órgão eficaz e independente de supervisão, auditoria e controlo — ou seja, a um autêntico conselho de administração.

Em segundo, é necessário um órgão independente para garantir que as perguntas essenciais são feitas: Qual é o nosso negócio e o que deveria ser? Qual é a nossa missão? O que são «resultados» válidos nesta organização? Quem são os nossos públicos e interessados, e o que podem legitimamente esperar desta instituição? Quais são as principais orientações para o futuro? O que deve ser abandonado ou perder importância? Que novas coisas são necessárias?

Depois, existem questões sobre as necessidades básicas de sobrevivência da instituição. De que inovações necessita para que não se torne obsoleta? Qual é o crescimento mínimo necessário para não se tornar marginal no mercado? Como distinguir o crescimento que acrescenta força e capacidade de desempenho do crescimento que é apenas gordura (como foi muito do crescimento de todas as instituições dos anos 1960)? Ou do crescimento que, com efeito, é apenas degenerescência? Quanto lucro é necessário para cobrir o custo do capital, providenciar o prémio para os riscos do futuro e o capital necessário para os postos de trabalho de amanhã?

De facto, só a direção pode *responder* a estas questões. Mas alguém tem de se certificar de que as questões são levantadas e pensadas. As direções tendem a adiá-las por um bom motivo. Afinal de contas, têm de conduzir os assuntos quotidianos da instituição. E se há alguma coisa previsível em qualquer instituição — em especial nas grandes e complexas — são as crises quotidianas de operação.

Em terceiro, uma instituição precisa de uma «consciência». Precisa de um guardião dos valores humanos e morais e de uma instância de recurso contra a tirania e o capricho, ou contra a indiferença igualmente danosa da rotina burocrática. Precisa de alguém exterior ao trabalho e às relações quotidianas que se preocupe com aquilo que a instituição defende, com os seus valores, com o que considera «certo» e «errado». Na instituição grande e complexa, o CEO raramente é incapaz de desempenhar este papel, nem que seja porque tem de apoiar os seus colegas de direção mesmo quando os considera negligentes, errados ou indiferentes. Afinal de contas, tem de viver com eles. A função da consciência precisa de alguém que possa agir de forma independente e capaz de ir contra até as pessoas mais poderosas e valiosas da organização. No entanto, no caso da Lockheed e de outros escândalos de corrupção, as questões de «consciência» nunca foram abordadas pelos vários conselhos de administração — tal como quase nunca são abordadas nos conselhos de administração dos hospitais ou das universidades.

Isto requer que os membros do conselho de administração se reúnam regularmente com pessoas exteriores à direção de topo da organização: com as direções intermédias, as chefias e as direções sindicais; com os professores e os estudantes; com os internos, os residentes, os enfermeiros e o pessoal da reabilitação física. A principal função deles nestas relações é ouvir, nem que seja para perceberem o que está a ser bem feito e onde estão os pontos fortes. A função principal do conselho de administração é tornar claro, geralmente apenas graças à sua presença, que alguém está preocupado com os valores, com as normas e com a justiça.

Quase todos os executivos recuam perante esta ideia. Dirão que um conselho de administração que «perscruta a direção» enfraquece a autoridade da direção. Este perigo existe. No entanto, o conselho de administração mais antigo da América, o Conselho de Supervisores de Harvard, tem feito exatamente isto desde há três séculos sem provocar dirupções na universidade. A maioria dos 30 supervisores — todos antigos alunos e eleitos por antigos alunos — passam cerca de quinze dias por ano como membros de um «Comité Visitante» numa faculdade ou num departamento. Reúnem-se com os professores e, muito frequentemente, com os alunos; verificam o nível e a direção do ensino e da investigação, ouvem ideias, propostas e queixas e, depois, reportam ao Conselho de Supervisores e à administração da universidade. Além da angariação de fundos, esta é a principal atividade dos Supervisores.

Em quarto lugar, a própria direção precisa de um conselho de administração externo e eficaz. Os diretores de topo precisam de pessoas com quem possam falar com confiança, com quem possam deliberar e refletir. Precisam de pessoas com quem possam partilhar as suas questões, dúvidas e incertezas.

Numa grande organização, por muito «permissiva» ou «democrática» que seja, os diretores estão, por necessidade, isolados e rigidamente circunscritos. Qualquer CEO tem de estar alerta quando partilha os seus pensamentos com os colegas ou subordinados. Isto porque qualquer grande organização é uma fábrica de rumores, que interpreta bem ou mal o comentário mais casual dos diretores e trata-o como uma ordem ou uma decisão.

No entanto, nem o CEO mais «decisivo» é capaz de chegar a uma decisão sem dúvidas e hesitações, sem ponderar alternativas, sem se questionar a si mesmo. Um conselho de administração eficaz que compreende a instituição, as suas oportunidades e os seus problemas, mas que está afastado dos próprios problemas, não aliviará o CEO da «solidão do comando». Mas, sem um conselho genuíno, os diretores de topo tornam-se prisioneiros dos seus próprios cargos.

Em quinto, a direção de uma grande instituição precisa de janelas abertas para o mundo exterior. Inevitavelmente, vê a sua própria instituição como grande e importante, e o resto do mundo como pequeno — se chegar a ver o resto do mundo. No entanto, o «espírito hospitalar», o «espírito universitário» e o «espírito empresarial», embora inevitáveis, são tão limitados quanto o «espírito militar» dos generais. Numa organização grande e complexa, os diretores de topo não podem aceder facilmente ao «mundo real» exterior. Por isso, precisam de se certificar de que o mundo real acede a eles. Precisam de canais de perceção externa. (Os grandes mestres de construção destes canais, já agora, foram dois presidentes americanos — Abraham Lincoln e Franklin D. Roosevelt —, que consultavam os seus «conselhos privados» de pessoas independentes, para o desgosto e o escândalo constantes dos seus colegas de governo.)

Por último, a grande instituição necessita de ser compreendida pelas partes interessadas e pela comunidade. Ninguém de fora entende realmente o que se passa no «último piso» ou «no gabinete do presidente». Aquilo que é muito óbvio para o decisor no gabinete executivo não é normalmente entendido pelo público exterior, desde logo pelas pessoas com cargos responsáveis na organização.

Estas funções requerem um conselho de administração muito diferente daquele que herdámos do século XIX. Acima de tudo, os conselhos de administração precisam de reconhecer a ideia de que têm uma responsabilidade e, com esta, uma função específica. De outro modo, não conseguirão fazer nada. A grande prioridade na modernização não é mudar os membros do conselho de administração. A grande prioridade é mudar o papel, a função e o trabalho do conselho de administração.

O mais importante, talvez, é aliviar os conselhos de administração da maioria — em certos casos, de todas — das tarefas que hoje as sobrecarregam. A maioria é trivial. Se o conselho de administração tem mesmo de as abordar, três horas por ano devem ser suficientes.

Em seguida, há a tarefa de desenvolver o plano de trabalho adequado para o conselho de administração: a avaliação sistemática dos executivos e do seu desempenho; a avaliação sistemática dos planos, das políticas e da direção; a ponderação sistemática das grandes decisões. Mesmo para o conselho de administração mais competente, não basta reunir-se uma vez por mês com uma agenda preparada pela direção executiva e simplesmente dar a sua opinião e conselho. O conselho de administração tem de trabalhar. Tem de haver objetivos e metas em relação aos quais o conselho de administração pode avaliar o seu próprio desempenho — algo praticamente desconhecido nos dias de hoje. Nas instituições maiores e mais complexas, é provável que o conselho de administração precise de uma pequena equipa própria, tal como, por exemplo, os comités congressionais desenvolveram equipas próprias.

Quem deve fazer parte de um conselho de administração? Comecemos com algumas negativas. A maioria das pessoas que tradicionalmente se sentam no conselho de administração não deveriam fazer parte deste órgão. Um indivíduo que é fornecedor, de bens ou serviços, não deve fazer parte do conselho de administração de uma instituição pela qual espera ser pago. Isto exclui o advogado, o banqueiro, o corretor e o consultor. Todas têm potenciais conflitos de interesses entre o seu papel de fornecedor e a sua condição de membro do conselho de administração. A regra de ouro deve ser a do revisor oficial de contas cujo cânone ético o proíbe de trabalhar no conselho de administração de uma empresa que ele ou a sua firma possam auditar.

Os altos funcionários reformados de uma empresa não devem fazer parte do conselho de administração. Para que a sua experiência e opinião tenham um uso produtivo — e isto é geralmente muito desejável —, devemos adotar a prática japonesa e mantê-los como «conselheiros». Mas não podemos «reformar» e, ao mesmo tempo, supervisionar o nosso próprio sucessor.

Nem o membro do conselho administrativo mais procurado — o presidente de uma empresa de dimensão igual, mas de outro campo — tem lugar num conselho de administração. Dirigir uma empresa, mesmo que de média dimensão, é uma função demasiado exigente para ter tempo para o trabalho sistemático exigido a um membro de um conselho de administração. Não tem sentido querer um membro de um conselho de administração, por muito competente que seja, que faz parte de muitos conselhos — um Hermann Abs, por exemplo, o antigo presidente do maior banco da Alemanha, que fazia parte de cerca de 150 conselhos de administração ao mesmo tempo.

É muito menos claro quem deve fazer parte de um conselho de administração. Isto, em parte, porque o mesmo conselho de administração precisa de dois tipos diferentes de pessoas.

O primeiro tipo são os representantes das partes interessadas — investidores, empregados, clientes e outros grupos da comunidade. Estas pessoas são necessárias não porque as instituições devam «representar a sociedade»; mas porque a instituição precisa delas para trazer o «mundo exterior» para um campo isolado de visão e perceção da direção, bem como para fornecer comunicação a um público cada vez mais fragmentado.

Tanto as políticas europeias de codeterminação como os esforços americanos muito mais pragmáticos de trazer os grupos de interesse para os conselhos de administração dizem respeito a um problema genuíno. Das duas, é talvez a abordagem americana, apesar do seu carácter desajeitado e improvisado, que tem mais sentido, ao reconhecer que a instituição moderna tem muitos interessados diferentes. A codeterminação, por outro lado, submete todos os grupos e interesses da comunidade e da economia ao «interesse de produtor» dos investidores e dos empregados. Penso que é mais um «cartel de produtor» dirigido contra o consumidor do que a «democracia industrial» que alega ser.

Curiosamente, na maioria das discussões sobre a representação das partes interessadas, o elemento mais importante e menos representado quase nunca é mencionado. Falo dos novos donos das grandes empresas americanas, os fundos de pensão dos assalariados do país. A retórica popular acusa hoje os conselhos de administração das empresas de representarem apenas os acionistas e ignorarem os outros interesses da sociedade. No entanto, na empresa típica americana, o principal acionista não está representado.

Hoje, os fundos de pensões detêm cerca de trinta por cento do capital próprio das empresas em bolsa, e provavelmente ainda mais do capital próprio das mil maiores empresas. Isto já é suficiente para lhes dar o controlo efetivo. Daqui a poucos anos, mesmo que só por resultado do Pension Reform Act, poderão deter cinquenta por cento ou mais. Mas o fundo, embora juridicamente proprietário, é, na verdade, um investidor. As pessoas que o gerem são mandatários. Não querem nem têm o direito de fazer parte do conselho de administração; isto seria uma violação da sua responsabilidade fiduciária. O dever deles é venderem uma ação o mais depressa possível se não gostarem de uma empresa, das suas perspetivas ou da maneira como é administrada.

Assim, quem representa os donos, ou seja, os empregados e os seus fundos de pensões da nação? E como? Este é um dos problemas mais importantes e mais difíceis que enfrentamos no que diz respeito à composição dos conselhos de administração das nossas grandes empresas.

Independentemente dos interesses que considerarmos deverem estar representados no conselho de administração, os membros que os representam serão essencialmente conselheiros, e não decisores. Isto porque têm um conflito inerente de interesses e de lealdades entre o seu dever como membros do conselho de administração (ou seja, o seu dever para com a instituição) e a sua responsabilidade para com aqueles que representam.

Deixem-me dar um exemplo. Há alguns anos, o CEO da Volkswagen, empresa alemã em graves dificuldades, foi obrigado a demitir-se pelos membros sindicais do seu conselho de administração por ter proposto construir uma fábrica de montagem nos Estados Unidos. O mercado americano, como os membros sindicais concordavam, era o único bom mercado restante para o «Carocha», que, apesar de obsoleto e quase não vendável na Europa, ainda era o maior sustento da Volkswagen. E os membros sindicais também concordavam que os custos alemães haviam aumentado tanto que as exportações da Volkswagen não podiam competir nos Estados Unidos, ou só a preços abaixo dos custos. No entanto, os membros sindicais disseram que não podiam votar pelo melhor interesse da empresa mesmo que a sua sobrevivência a longo prazo estivesse em risco. Tinham, ao invés, de votar de acordo com os interesses imediatos dos trabalhadores da Volkswagen e, por isso, opor-se à «exportação de postos de trabalho». Dez anos depois, até os membros sindicais do conselho de administração da Volkswagen tiveram de aceitar a necessidade de uma fábrica nos Estados Unidos. Mas, nessa altura, a Volkswagen já perdera uma boa parte do seu mercado americano. Está ainda por ver se poderá recuperá-la construindo uma fábrica com dez anos de atraso; isto porque o mercado que a Volkswagen perdeu por causa da estreiteza de visão do sindicato é agora fornecido pelos japoneses.

Nos Estados Unidos, alguns dos negros que foram eleitos para conselhos de administração de empresas veem o seu papel como representando a comunidade negra dentro e fora da empresa. Outros disseram que ser negro nada tem que ver com servir como diretor; veem o interesse da empresa como prioritário. No entanto, conheço pessoalmente alguns homens e mulheres negros altamente competentes que recusam categoricamente trabalhar nos conselhos de administração. Não veem forma de resolver o conflito.

Os representantes de interesses que mais se aproximam da compreensão do problema são os membros sindicais dos conselhos de administração suecos — ideologicamente, já agora, mais à esquerda do que qualquer novo tipo de membros de conselhos de administração. Quando foi promulgada a lei que introduziu os seus representantes nos conselhos de administração das empresas suecas, os sindicatos organizaram uma «escola para diretores de empresa», com um corpo docente composto pelos principais banqueiros, presidentes e diretores de empresas da Suécia. «Os nossos membros», explicou-me um dos seus dirigentes, «têm de aprender como servir a empresa em cujo conselho de administração se sentam como conselheiros especialistas, em vez de continuarem a ser porta-vozes do sindicato; de outro modo, perderiam logo toda a integridade e a eficácia».

Um segundo tipo de membro do conselho de administração também é necessário para a instituição, para a sua administração e para a sociedade: o membro que se certifica de que há uma direção de topo eficaz; que se certifica de que a direção pensa e planeia; que serve de «consciência» da instituição; o conselheiro e crítico informado da direção. Talvez se possa chamar a isto «conselho executivo». Não é um órgão de «administração», mas sim, com efeito, o verdadeiro órgão de «direção».

Nas instituições maiores e mais complexas, estes membros terão de dedicar muito tempo e trabalho aos seus conselhos de administração. Quatro a cinco dias por mês — entre 40 e 50 dias por ano — podem ser o mínimo. Por outras palavras, a tarefa requer membros «profissionais» nos conselhos de administração. Cada profissional só pode servir um pequeno número de instituições. Devem ser eleitos por um período suficientemente longo para conhecerem bem a instituição, como cinco ou seis anos. Provavelmente, não devem ser elegíveis para uma reeleição imediata para que não fiquem agarrados à administração. Devem ser bem pagos. Um membro profissional do conselho de administração deve ganhar dos seus quatro ou cinco conselhos tanto quanto um alto funcionário da direção.

Estes membros profissionais do conselho de administração ainda são muito raros. Mas os tempos do amador passaram claramente à história. Tanto a Securities Exhange Commission como os tribunais estão a reforçar as responsabilidades jurídicas dos diretores, ao ponto de se tornar demasiado arriscado fazer parte de um conselho de administração se não for para realizar um trabalho sério e prolongado.

Fazer parte de um conselho de administração costumava ser uma espécie de honra pessoal — não paga, como regra, mas uma marca de distinção. Os conselhos de administração costumavam ser locais confortáveis onde os seus membros se reuniam uma vez por mês durante algumas horas e davam o aval às propostas da direção. A mudança destes conselhos de administração não deve ser feita pela lei ou pela alteração dos seus membros. É uma tarefa muito maior: mudar a missão e o trabalho do conselho de administração pela saúde da própria instituição. É sobretudo um desafio para a direção, porque o próprio funcionamento e a legitimidade da direção dependerão cada vez mais de um conselho de administração eficaz e independente.

CAPÍTULO OITO

# Após o desaparecimento da reforma numa idade fixa[11]

NENHUMA DAS PREVISÕES que alguma fiz foi recebida com mais desdém do que a da primavera de 1976,[12] de que, dali a dez anos, ou seja, em meados dos anos 1980, a idade da reforma obrigatória na América seria aumentada para lá dos 65 anos e que a reforma obrigatória numa idade fixa poderia ser totalmente abolida.

Depois, quase toda a gente acreditou que a reforma se tornaria em breve obrigatória antes dos 65 anos, pois os sindicatos faziam então pressão para a reforma antecipada obrigatória — aos 60 anos ou, pelo menos, aos 62 anos.

No entanto, quinze meses após a publicação do meu livro, a reforma obrigatória foi banida no nosso maior Estado, a Califórnia. Ao mesmo tempo, o Congresso dos Estados Unidos preparava-se para aumentar a idade para os 70 anos. Por agora, é praticamente certo que a reforma obrigatória em qualquer idade fixa está a desaparecer ou desaparecerá em todos os Estados Unidos. Esta mudança notável, uma mudança de 180 graus nas políticas nacionais, foi realizada apesar da forte oposição de todos os «interesses»: sindicatos, empresas, governo e academia.

Ainda que a inversão política tenha sido súbita, as suas causas — demográficas, económicas e políticas — estavam a acumular-se desde há muitos anos. A nova direção política podia ter sido prevista há vinte anos a partir das tendências relatadas em estatísticas bem conhecidas. Dado que as implicações políticas destas tendências não foram analisadas pelo governo, pelas empresas, pelos sindicatos, pela comunicação social ou pela academia, os Estados Unidos estão agora mal preparados para fazerem os ajustamentos exigidos pelas novas políticas. A nação continuou a ver as questões da política da reforma — e as questões mais patentes do desemprego — com uma mentalidade formada

---

[11] Publicado originalmente em *The Future of Business*, org. para a Georgetown University por Max Ways (Nova Iorque: Pergamon Press, 1978).

[12] No meu livro, *The Unseen Revolution: How Pension Fund Socialism Came to America* (Nova Iorque: Harper & Row; e Londres: William Heinemann, 1976).

pela Depressão. A atitude mental e emocional era tão rígida que os líderes da opinião pública americana podiam ignorar as grandes mudanças que haviam ocorrido desde os anos 1940. Nunca houve um exemplo melhor da necessidade de analisar as tendências de maneira a prever e abordar os problemas do futuro.

A mudança atual da política das reformas é apenas uma — e não necessariamente a mais importante — de toda uma série de mudanças que terão de ocorrer durante a próxima década na maneira como a sociedade vê e lida com a questão central dos empregos. Teremos de aprender que o «desemprego», a palavra que dominou a discussão política durante 40 anos, já não é a questão central. A economia precisa de e pode absorver mais trabalhadores do que tem agora — desde que a estrutura pública e privada da política seja alterada para se ajustar às condições atuais do mercado de trabalho americano. Uma recapitulação breve do que aconteceu à idade fixa de reforma obrigatória pode dar-nos um vislumbre da grande mudança — e dos problemas — que se avizinham.

Politicamente, a necessidade de uma idade de reforma menos rígida tornou-se irresistível por causa do aumento de poder dos americanos mais velhos. As pessoas com mais de 65 anos são a «minoria» do país que cresce mais depressa — e, de facto, a única «minoria» que cresce depressa. Constituem agora mais de um décimo da população e, daqui a dez anos, serão um sétimo. No entanto, representam uma proporção muito maior da população em idade ativa. As pessoas idosas tornar-se-ão um grupo de pressão cada vez maior e mais poderoso, que, ao contrário de todos os outros, atravessa todas as linhas políticas tradicionais — sejam elas económicas, sociais, regionais, sexuais ou raciais.

A mudança de uma idade fixa de reforma para uma idade flexível de reforma é inevitável. Também é desejável em termos humanos. A reforma obrigatória aos 65 anos condena à ociosidade e à inutilidade muitas pessoas saudáveis que querem trabalhar, mesmo que só a tempo parcial. A idade de 65 anos foi estabelecida como a idade de reforma obrigatória nos Estados Unidos há mais de seis décadas, quando a esperança de vida e a esperança em termos de saúde eram muito mais baixas. Aquilo que, em 1920, era a idade de 65 anos corresponde agora à idade de 75 ou de 78 para os homens e 80 para as mulheres. Inversamente, os que hoje têm 65 anos gozam de uma esperança de saúde e de vida dos que tinham 52 ou 53 anos nos anos 1920.

De facto, há muitos sexagenários que querem reformar-se, mas uma grande proporção das pessoas que se reformam — quer se reformem antecipadamente ou continuem a trabalhar até aos 65 anos — depressa percebem que o que queriam eram umas longas férias. No entanto, segundo a política tradicional da Segurança Social e dos planos de pensões dos Estados Unidos, não podem regressar ao trabalho, se puderem, sem penalidades substanciais. Dar às pessoas a opção de adiarem a reforma, quer adiando a reforma obrigatória ou abolindo-a, era, portanto, um ajustamento tardio ao grande sucesso deste século no prolongamento da esperança de vida e de saúde.

Economicamente, a reforma mais tardia e flexível também é altamente desejável. Das pessoas que nos Estados Unidos chegam agora à idade da reforma, a grande maioria — pelo menos três em cada quatro — estudou até ao 2.º ciclo ou, quando muito, até aos dois primeiros anos do 3.º ciclo. São pessoas que trabalharam sobretudo como operários na indústria, nas minas ou nos serviços. Dos jovens que entram hoje na força de trabalho, cerca de metade terminou o ensino secundário e andou algum tempo na faculdade. Assim, poucos dos recém-chegados à força de trabalho estão disponíveis para preencher as vagas deixadas pelos reformados. De uma forma geral, enfrentaremos uma escassez grave de recém-entrados na força de trabalho daqui a alguns anos, quando os bebés do *baby boom* estiverem todos na força de trabalho — a maioria já está — e quando os recém-chegados à força de trabalho forem os bebés dos anos do *baby burst*, que começou em 1960 e que reduziu em trinta por cento o número de bebés nascidos. Em certa medida, isto é causado pela maior participação das mulheres jovens na força de trabalho — agora tão alta quanto a dos homens jovens. Mas esta mudança já ocorreu. A partir de agora, durante os próximos 20 anos, o número de recém-chegados à força de trabalho irá declinar de forma constante, e o número de novos trabalhadores para os cargos deixados vagos pelos reformados declinará de forma drástica.

A consequência prática mais óbvia desta mudança é que não podemos manter a reforma obrigatória aos 65 anos e financiar as pensões de reforma, quer pela Segurança Social quer por pensões privadas. Em 1935, quando a Segurança Social foi criada, havia nove americanos ativos para cada americano com mais de 65 anos. Em 1977, o rácio mudou de quatro para um. Além disso, há os «sobreviventes», sobretudo viúvas que eram demasiado velhas quando os maridos morreram para reentrar no mercado de trabalho. O rácio de dependência — ou seja, o rácio entre as pessoas na força de trabalho e as pessoas que têm de ser sustentadas na reforma — já é de três para um; existem 92 milhões de americanos no ativo e 32 milhões que recebem pensão de reforma ou que são sustentados como «sobreviventes». Em 1985, este rácio baixará para dois quartos para um, a não ser que a idade da reforma seja adiada. Este rácio de dependência não leva em conta o facto de uma proporção muito grande e crescente dos novos integrantes na força de trabalho, em especial mulheres mais velhas e casadas, não trabalharem a tempo inteiro. Em equivalência com o tempo inteiro, o rácio de dependência já está muito abaixo de três para um, o que significa que cada americano ativo tem de transferir cerca de um terço do seu rendimento, através de contribuições para a Segurança Social ou para o fundo de pensões e cada vez mais através dos impostos, para sustentar os idosos reformados e que recebem pensão.

Isto é política e economicamente insustentável. Significa que o encargo das pensões, quer sustentado pelo governo quer pelo empregador, está a tornar-se cada vez mais o maior da economia, à frente da formação de capital, da manutenção e construção de fábricas e equipamentos, e da criação de novos empregos. Também significa que a inflação se torna absolutamente inevitável e insustentável.

## Os novos problemas

Embora a abolição da idade fixa de reforma seja inevitável e desejável, gera problemas graves. Confronta os empregadores, os sindicatos e os decisores governamentais com desafios completamente novos, para os quais ninguém está minimamente preparado.

1. O primeiro destes desafios, e em muitos aspetos o mais espinhoso, é o estabelecimento de critérios para reformar pessoas que se tornaram física ou mentalmente incapazes de continuarem a trabalhar. Se, como diz claramente a nova lei da Califórnia, já não é permitido reformar pessoas por causa da idade, então tem de haver critérios objetivos que não a idade — ou seja, incapacidade física ou mental. Quem estabelece estes critérios? A lei da Califórnia fala de «competência» para realizar o trabalho. O que é isto? Como é definida? Quem a define?

   Conhecemos dos sectores que têm critérios para a reforma que não a idade, por exemplo, os pilotos de aviões ou os maquinistas de locomotivas, cujos critérios têm de ser estabelecidos de antemão. Sabemos que são mais bem estabelecidos por acordo mútuo entre os empregadores e os representantes dos empregados. De facto, sabemos que nada cria tão depressa um sindicato militante como uma tentativa de o empregador estabelecer esses critérios de forma unilateral e arbitrária. E sabemos que os critérios têm de ser aplicados de forma imparcial, ou seja, por profissionais exteriores com ou sem representação do empregador e do empregado. Acima de tudo, sabemos que os mesmos critérios devem ser aplicados independentemente da idade. Se pessoas mais velhas são reformadas enquanto outras mais jovens podem continuar a trabalhar ao mesmo nível e com as mesmas capacidades ou incapacidades, há um caso flagrante de discriminação. E se não houver critérios de «competência» para as pessoas mais jovens nem avaliações regulares do seu desempenho em comparação com os padrões, não se pode alegar «incompetência» contra uma pessoa mais velha, a não ser que esteja totalmente paralisada ou em coma. Na verdade, certos sindicatos, como alguns do Teamster, já dizem que até um paraplégico, se não for suficientemente velho, terá de ser mantido na folha de pagamentos — «há sempre qualquer coisa que ele pode fazer».

   Para os trabalhos que requerem capacidade física capaz de ser definida — tempo de reação para os pilotos de aviões, por exemplo, ou acuidade visual —, estes padrões não são um grande problema, ainda que possam levar anos a serem estabelecidos. E quanto aos trabalhos em que os requisitos são o juízo, a capacidade de cooperar com pessoas, a capacidade e a disposição de ouvir novas ideias, o desempenho na sala de aulas, etc.? Por outras palavras, quanto às funções dos trabalhadores do conhecimento, que estão a tornar-se cada vez mais o centro da economia e da força de trabalho americana? Até agora, ainda ninguém estabeleceu padrões para estas pessoas.

Nas universidades, onde alguns docentes distintos são mantidos em contratos anuais além da idade tradicional da reforma, «sujeitos à sua capacidade física e mental para cumprirem as suas funções», a decisão cabe normalmente à administração, com ou sem o conselho de um grupo de docentes. Quase nunca há uma decisão de terminar o contrato; em vez disso, é «sugerido» ao colega que se tornou senil que talvez seja melhor parar de trabalhar. Isto já não será suficiente. Precisamos urgentemente de um processo devido que permita às organizações removerem as pessoas que já não estão à altura da função, independentemente de contratos ou de mandatos académicos.

O problema que agora enfrentamos diz respeito aos juízes federais. Quando os Pais Fundadores declararam que os juízes só podiam ser removidos por um processo de destituição, não esperavam que os juízes vivessem o tempo suficiente para se tornarem senis — mas agora vivem. Sabemos que os tribunais federais terão de desenvolver alguns autocontrolos. Terá de haver um órgão — provavelmente um comité da Conferência de Juízes dos Estados Unidos, chefiado pelo presidente do Supremo Tribunal — que possa remover um juiz que deixou de ser competente. No entanto, como fazer isto com grande número de pessoas — engenheiros, contabilistas, investigadores, gestores de vendas, professores, etc.? Sem esta provisão, só os advogados beneficiarão da extensão do tempo de vida útil.

Provavelmente, deveríamos manter a reforma obrigatória para as pessoas que ocupam cargos de topo, ainda que não a reforma obrigatória de todo o trabalho ou do cargo. Penso que é muito indesejável que os que ocupam cargos de topo — nas empresas, na academia ou no governo — continuem indefinidamente. Um vice-presidente de *marketing* com 50 anos pode ser removido, mesmo que isso signifique indemnizá-lo pela quebra do contrato. Não tem sentido que se torne impossível removê-lo depois do seu sexagésimo aniversário.

Uma razão por que as pessoas não deviam poder continuar é que uma das doenças de que o paciente está totalmente inconsciente é a senilidade. Se deixarmos que as pessoas mais velhas decidam sozinhas quando devem deixar os seus cargos, corremos o risco de haver senilidade em cargos superiores. Já existem demasiados exemplos de diretores executivos que resistem à reforma e que continuam a trabalhar muito para lá do tempo que deviam. Há 30 anos, Sewell Avery, da Montgomery Ward, foi o exemplo normal. Ao mesmo tempo, não há motivo para que a pessoa mais velha e funcional tenha de deixar de trabalhar. Não há motivos para que o vice-presidente do *marketing*, se na plena posse das suas faculdades mentais, não deva continuar a trabalhar como um colaborador individual sénior, por exemplo, encarregado da pesquisa de mercado, das relações com os clientes ou do desenvolvimento do produto. O necessário é que essa pessoa saia da linha de comando ou de autoridade. De outro modo, deveríamos aplicar as mesmas regras usadas para os sócios que não detêm cargos de topo. Temos de desenvolver abordagens semelhantes em relação às pessoas que trabalham para o governo, para as universidades ou para as escolas. Temos de poder remover as pessoas dos cargos de topo porque a sua continuação é demasiado arriscada e porque é necessário dar oportunidades às pessoas mais jovens. E temos de ser capazes de manter esses homens e essas mulheres num trabalho útil e produtivo se forem mental e fisicamente capazes de continuar a trabalhar e se o quiserem.

2. Igualmente importante, e talvez mais urgente, é a questão dos direitos e benefícios das pessoas que continuam a trabalhar além da idade em que podiam reformar-se com uma pensão de reforma decente. Nem as empresas nem o Governo americano viram o problema envolvido neste tipo de casos. Segundo as leis e os contratos sindicais atuais, essas pessoas mantêm os seus plenos direitos de antiguidade, incluindo os direitos de antiguidade à promoção e aos aumentos salariais. Mantêm a antiguidade nos *lay-offs*, mesmo que tenham acesso a uma boa pensão. Se mantivermos isto, veremos o resultado ridículo e desigual de conservar no emprego cidadãos idosos cujos filhos são adultos, que não têm pais dependentes e que têm acesso a uma pensão de reforma igual aos seus salários (nem que seja por causa do peso fiscal menor e do acesso ao Medicare), enquanto se despedem jovens adultos, pais de família com filhos dependentes e pais dependentes. No entanto, é nisto que os sindicatos terão de insistir, salvo se os empregadores de hoje — no sector público e privado — arranjarem um sistema mais equitativo.

   Segundo as leis e os contratos sindicais atuais, as pessoas mais velhas que continuam a trabalhar depois de terem chegado à idade em que têm acesso à pensão completa terão ainda de receber todos os benefícios e de pagar todos os encargos sobre esses benefícios. O homem ou a mulher que continua a trabalhar depois dos 65 anos paga, por exemplo, a contribuição completa para a Segurança Social, tal como o empregador. Contribui plenamente para o fundo de pensões, mesmo que, nessa altura, a sua pensão já esteja totalmente paga. Segundo a maioria dos planos de saúde, o empregado que continua a trabalhar depois dos 65 anos ainda tem de pagar os prémios do seguro de saúde — ainda que o Medicare lhe reembolse a maior parte das despesas médicas, e, de facto, um reembolso mais generoso que o de muitos seguros de saúde. Isto é claramente injusto. É uma despesa desnecessária e um custo alto sem benefício. Também é um disparate. No entanto, tornar-se-á um encargo rotineiro para o empregador e o empregado a não ser que os empregadores e os sindicatos ajustem os seus planos à nova realidade, ou seja, à idade flexível de reforma.

Os japoneses resolveram, sem querer, o problema há muito tempo. No Japão, a idade oficial da reforma é os 55 anos. A reforma foi fixada nesta idade há 70 anos, quando a esperança de vida japonesa estava perto dos 43 anos. Hoje, o Japão tem a mesma esperança de vida do Ocidente, de maneira que a idade da reforma aos 55 anos se tornou um anacronismo. De facto, aquilo que os japoneses têm realmente não é uma política de reforma, mas uma política de «não-reforma». A grande maioria dos empregados japoneses continua a trabalhar além dos 55 anos, e muitos no mesmo emprego e com o mesmo empregador. No entanto, já não são empregados «permanentes», mas sim «temporários», o que significa que podem ser despedidos se o negócio abrandar. Já não têm segurança no emprego. Já não gozam da antiguidade. Já não podem esperar uma promoção nem ter direito a tal. E os seus rendimentos descem trinta a quarenta por cento. Ao mesmo tempo, em muitas empresas, estes empregados têm o direito preferencial de voltarem a ser contratados se quiserem regressar da reforma e se estiverem física e mentalmente aptos, mas apenas como empregados «temporários». A lógica disto, segundo os japoneses, é que as pessoas com mais de 55 anos, em regra, já não têm filhos dependentes nem pais idosos dependentes. As suas despesas são menores. O governo, como na maioria dos países, paga-lhes os cuidados de saúde. No entanto, representam um recurso valioso, que poucos empregadores se podem dar ao luxo de dispensar com facilidade.

3. A abolição completa da reforma em idade fixa — ou o adiamento da reforma em idade fixa — irá obrigar cada vez mais os empregadores a criarem empregos permanentes a tempo inteiro, ocupados permanentemente por pessoas que trabalham a tempo parcial. Muitas pessoas mais velhas não irão querer empregos a tempo inteiro, e quanto mais velhas, mais provável é quererem trabalhar a tempo parcial. Isto também é verdade a respeito de outra grande fonte de novos empregados na força de trabalho americana — as mulheres mais velhas e casadas. Cada vez mais, os empregadores terão de aprender a contratar pessoas a tempo parcial.

Em muitos aspetos, estas pessoas a tempo parcial são os empregados mais desejáveis. Em regra, não se movimentam muito. Quando são contratadas, permanecem no emprego. O seu historial de absentismo e de doença é notavelmente bom. Em regra, preferem ir trabalhar onde estão os seus amigos a trabalhar sozinhos em casa sem ninguém com quem falarem a não ser com os eletrodomésticos. No entanto, as suas atitudes são diferentes. Por exemplo, não respondem à «supervisão» tradicional. Afinal de contas, já trabalham há tempo suficiente, quer no emprego anterior ou a cuidar de uma casa, para saberem o que é o trabalho e terem autodisciplina.

O empregado a tempo parcial precisa de benefícios diferentes. O empregado mais velho, por exemplo, precisa de um seguro de saúde complementar que cubra aquilo que não é coberto pelo Medicare. Não precisa de subsídio de desemprego; tem a pensão da Segurança Social ou da empresa. As mulheres mais velhas e casadas que trabalham a tempo parcial não precisam de seguro de saúde próprio se estiverem cobertas pelo seguro dos maridos. Por outras palavras, para terem sentido, os benefícios têm de ser muito mais flexíveis. No sistema atual, as pessoas a tempo parcial ou não têm benefícios (ainda que se preveja que os benefícios venham a ser uma reivindicação importante dos sindicatos) ou gozam de benefícios que, de facto, em nada as beneficiam. Como dar ao empregado a tempo parcial, seja uma pessoa mais velha que ultrapassou a idade tradicional da reforma ou uma mulher mais velha e casada, o máximo pelo dinheiro gasto em benefícios é um desafio importante, e é um desafio que ainda não foi abordado nem pelos empregadores nem pelos sindicatos.

Quase dois quintos da força de trabalho americana do futuro serão provavelmente compostos de trabalhadores a tempo parcial: pessoas mais velhas que ultrapassaram a idade tradicional da reforma, mulheres casadas e jovens que ainda estudam. Não estamos nada preparados; na verdade, estamos totalmente inconscientes disto. Para quase toda a gente, «força de trabalho» ainda significa homens adultos a trabalharem a tempo inteiro. Na verdade, constituem não mais do que um terço da «força de trabalho» (com o outro quarto composto por mulheres adultas que trabalham a tempo inteiro).

Não são apenas os empregadores e os sindicatos que estão presos na realidade de há 50 anos. Os nossos números de emprego e de desemprego são igualmente obsoletos, pois não refletem a grande mudança numa força de trabalho em que um grupo muito grande — talvez o maior de todos — será composto de pessoas a tempo parcial, muitas delas com outros apoios económicos além do próprio salário, seja da Segurança Social seja de uma pensão de reforma, do salário da esposa ou de apoio parental. Nem sequer conhecemos a dimensão da força de trabalho — temos uma contagem de números, mas não temos maneira de traduzir os números em empregos a tempo inteiro que podem ser preenchidos. De forma semelhante, temos um número total de pessoas potencialmente disponíveis para *algum* trabalho, o chamado «número de desemprego»; mas este número não nos diz quantos empregos é que os «desempregados» podem preencher, pois não sabemos quantos podem aceitar um emprego a tempo inteiro e quantos querem apenas um emprego a tempo muito parcial. Hoje, nem conhecemos a produção adicional que perdemos por causa do desemprego; todos os números muito publicitados sobre a «perda» sofrida pela falta de emprego a tempo inteiro baseiam-se no pressuposto inaceitável de que qualquer pessoa registada como «disponível para trabalhar» e, portanto, como «desempregada», está disponível para trabalhar 40 horas por semana. E, hoje, nem conhecemos as dificuldades económicas causadas pelo desemprego; não temos informação sobre as outras fontes de rendimento das pessoas que podem aceitar empregos a tempo parcial, se disponíveis, seja uma pensão, o salário da esposa, o apoio parental ou subsídios da Segurança Social ou de desemprego.

Esta recusa em reconhecer que o trabalhador a tempo parcial, em especial o trabalhador mais velho a tempo parcial, se tornou um elemento importante da força de trabalho americana já distorce grosseiramente a perceção e a política económica. Explica, por exemplo, porque é que os sindicatos e os economistas liberais falam de «desemprego recorde», ainda que o verdadeiro «recorde» dos últimos anos seja o número e a proporção de americanos adultos ativos, a tempo inteiro e parcial. No entanto, também explica porque é que, apesar das grandes maiorias liberais no Congresso, não foram implementadas políticas «reflacionárias» — com uma percentagem muito grande (ainda que desconhecida) dos «desempregados» disponíveis apenas para trabalho a tempo parcial, há pouca pressão política para medidas de «antidepressão».

Assim, a nossa recusa em enfrentar o aumento constante dos empregados a tempo parcial já afeta negativamente as decisões políticas. Tornar-se-á uma fonte de erros profundos, com muitas pessoas mais velhas a trabalhar, como acontece agora que a idade fixa de reforma está a desaparecer rapidamente. Os empregadores e os sindicatos, em particular, não podem continuar a acreditar que «empregado» significa necessariamente «trabalhador a tempo inteiro», mas ambos, de uma forma geral, estão convencidos de que significa apenas isso.

4. Hoje, os trabalhadores são encorajados a manterem-se no posto de trabalho ou a reformarem-se. Amanhã, teremos de possibilitar cada vez mais que as pessoas entrem e saiam da força de trabalho. As mulheres, por exemplo, costumam ter um emprego a tempo inteiro até à chegada do primeiro filho. Depois, deixam de trabalhar (exceto em caso de divórcio) até o filho mais novo fazer oito ou nove anos. Voltam depois ao trabalho, embora geralmente a tempo parcial. No entanto, as pessoas que ultrapassam a idade tradicional da reforma, em particular, estarão dispostas a ser trabalhadores eventuais. Têm acesso a uma pensão. Ao mesmo tempo, muitos deles — talvez uma quase maioria — vão querer trabalhar. Hoje, o empregado que se reforma, por exemplo, com reforma antecipada, tem grande dificuldade em regressar à força de trabalho. Os empregadores, em regra, não o querem; custa demasiado em contribuições para

a pensão. Isto porque, segundo o nosso sistema atual, os empregadores não podem, de acordo com as regras dos seus planos de pensão, diferenciar entre empregados que dependem do plano de pensões da empresa e empregados que já têm uma pensão e precisam, quando muito, de um direito suplementar de pensão. A Segurança Social desencoraja as pessoas de trabalharem em qualquer idade depois de terem direito a benefícios mesmo reduzidos da Segurança Social. Mais uma vez, esta é uma área que precisa de ser repensada; de outro modo, a economia ficará sobrecarregada de custos altos de benefícios que não beneficiam ninguém. Especificamente, teremos de repensar a Segurança Social. O nosso sistema atual de Segurança Social foi implementado durante a Grande Depressão de 1935, com o propósito expresso de retirar o maior número possível de pessoas da força de trabalho. Nos próximos dez anos, precisaremos cada vez mais da política contrária: que encoraje as pessoas a manterem-se no trabalho. Atualmente, qualquer pessoa que ganha menos do que o rendimento médio americano — ou seja, menos de 14 mil dólares por família — tem fortes incentivos para deixar de trabalhar ao chegar à idade em que pode ter acesso ao pagamento pleno da Segurança Social, ou seja, aos 65 anos. Os rendimentos pagos pela Segurança Social estão isentos de impostos. O Medicare é praticamente gratuito — e também, obviamente, isento de impostos —, e o indivíduo tem cada vez mais acesso a uma pensão paga pelo empregador, cuja grande parte também não está sujeita a taxação. Se o empregado mais velho com baixos rendimentos obtiver uma quantia bruta de cinquenta a sessenta por cento do seu salário normal na forma de pagamentos da Segurança Social e de uma pensão — e a Segurança Social dá-lhe normalmente cinquenta por cento —, está hoje a ser penalizado se trabalhar e, na verdade, perde rendimentos. Precisamos de uma política que encoraje as pessoas a permanecerem no posto de trabalho e a continuarem a ser economicamente produtivas — o que também significa produzir impostos para o governo. Esta política não pode penalizar a reforma, nem que seja porque isto não é politicamente aceitável. De facto, já nos orientamos para essa política, e já avançámos muito. As pessoas com direito a benefícios da Segurança Social recebem agora cheques tanto maiores quanto mais adiarem o recebimento da pensão da Segurança Social. No entanto, ainda impomos uma penalidade pesada aos que trabalham entre as idades dos 65 e 72 anos. Nestas idades, qualquer pessoa que ganhe pouco mais do que uma pequena quantia perde todos ou quase todos os benefícios da Segurança Social, ainda que os tenha pagado na totalidade. E depois, obviamente, paga impostos sobre os rendimentos. De facto, salvo se essa pessoa tiver um rendimento muito alto — mais de 20 mil dólares ao ano —, os rendimentos do seu trabalho são taxados a cem por cento. Previsivelmente, isto não vai durar. Na verdade, espero que isto mude antes de finais dos anos 1980.

5. Os problemas mais difíceis, mas também os mais importantes, agora que desapareceu a idade fixa para a reforma, estão no sector público. Os planos de pensões do sector privado têm problemas, isto porque as pessoas vivem muito mais anos do que se esperava há duas décadas, e por causa da inflação. No entanto, os planos de pensões do sector público, em especial dos governos estaduais e locais, são uma confusão e estão, de facto, geralmente falidos. É quase certo que os empregados do sector público enfrentem cortes profundos naquilo que o público vê cada vez mais como pensões exorbitantes. Espero, por exemplo, que se façam leis que limitem os empregados do governo depois da reforma ao rendimento (ajustado pelos impostos) que recebiam antes da reforma. Atualmente, uma parte substancial dos empregados reformados do sector público goza de rendimentos líquidos maiores do que os salários que recebiam enquanto trabalhavam. Isto será considerado cada vez mais injusto, mas também cada vez mais incompatível com a sobrevivência dos nossos Estados e das nossas cidades e da sua viabilidade económica.

Ao mesmo tempo, impomos penalidades severas e injustas ao empregado do serviço público. Os empregados do sector privado têm direito às suas pensões após um máximo de dez anos de serviço — o que significa que, depois desse período, têm uma conta em seu nome, com direitos de pensão definidos e garantidos ao chegarem à idade da reforma. Os empregados do sector público, e em especial os empregados dos governos estaduais e locais, não têm este direito. Em regra, não têm quaisquer direitos a uma pensão, salvo se tiverem trabalhado para um empregador particular — uma cidade ou um Estado — durante vinte anos. Depois, têm direito a uma grande pensão de reforma. As grandes pensões de reforma são, em grande medida, uma forma de distribuição inversa de rendimento. Retiram o dinheiro dos pobres e dão-no aos ricos. Tipicamente, o capitão de polícia de uma grande cidade — como Los Angeles ou Detroit — entra na reforma depois de vinte anos de serviço e assume um cargo de chefe de polícia num dos subúrbios afluentes com uma fração do salário que o subúrbio teria de pagar se ele não recebesse a sua substancial pensão de reforma do seu primeiro empregador. Com os governos das grandes cidades e dos grandes Estados a ficarem cada vez mais insolventes sob a pressão das promessas de pensões não financiadas ou mal financiadas, a pensão de reforma será cada vez mais atacada — e não pode ser defendida.

Ao mesmo tempo, teremos de aprender a conferir as pensões do serviço público da mesma maneira que conferimos agora as pensões do sector privado. E, no sector público, enfrentaremos os mesmos problemas de pensar em critérios para a reforma, dos direitos e benefícios das pessoas que trabalham além da idade tradicional da reforma, do trabalhador a tempo parcial e eventual, etc., que enfrentamos no sector privado.

## A necessidade de segundas carreiras

O desafio mais importante e mais novo gerado pela abolição da idade fixa para a reforma é a necessidade de segundas carreiras para o trabalhador experiente de meia-idade. Trata-se de uma necessidade que os empregadores terão, em geral, de satisfazer.

A abolição da idade fixa para a reforma obrigará cada vez mais os empregadores a desenvolverem normas para o desempenho, a competência e a capacidade de promoção de todos os empregados experientes, independentemente da idade. Também cada vez mais, haverá pressão sobre os empregadores para removerem no início da meia-idade, ou seja, aos 45 anos, o empregado contabilista, o diretor de formação, o gestor de vendas ou o professor associado, que, então, não são mais do que meramente competentes. De outro modo, o empregador perceberá que não consegue livrar-se do seu empregado. Se tentar fazê-lo, será acusado de «discriminação por idade» — e o empregador já não poderá dizer, como diz hoje, «Bem, de qualquer maneira, ele vai reformar-se daqui a alguns anos». A única coisa que ele poderá fazer é colocar esse empregado de meia-idade noutro cargo e noutra carreira.

O empregado também terá um forte incentivo para querer uma segunda carreira quando já não é garantido que se reforma automaticamente aos 60 ou 65 anos. Então, a perspetiva de ficar no mesmo sítio e de realizar o mesmo trabalho durante mais duas ou três décadas torna-se um pesadelo para muitas das pessoas de meia-idade que se veem num trabalho sem saída ou mortificante.

Até ao Pension Reform Act de 1974, estas pessoas raramente mudavam, salvo se fossem despedidas. Perdiam muito em direitos de pensão. Agora que as pensões são concedidas depois de dez anos de serviço, há muito mais mobilidade neste grupo. Com o desaparecimento da idade fixa da reforma, este grupo irá precisar e exigir mais mobilidade — acima de tudo, esforços organizados de colocação para lhes darem segundas carreiras. O contabilista que, depois de vinte anos, está farto da empresa de aço, está preparado para um emprego como gestor do hospital da comunidade. O jurista assistente de uma empresa ou de um município que não faz aconselhamento geral está preparado para uma parceria numa empresa de advogados de média dimensão. O professor associado que lecionou Introdução ao Japonês durante vinte anos e que nunca produzirá um livro académico está preparado para lidar com a relação entre uma empresa japonesa e os seus parceiros ocidentais; e assim sucessivamente.

A colocação sistemática em segundas carreiras é comum nas firmas de consultadoria e de profissionais — consultores de gestão, consultores de engenharia, firmas de advogados e firmas de fiscalidade. Uma das principais recrutadoras de executivos do país, especializada em encontrar pessoal técnico e científico, há muito que insiste na «colocação externa» em segundas carreiras para o pessoal técnico e científico das companhias para as quais faz recrutamento. Por estas experiências, sabemos que bastam poucos anos para que os potenciais empregadores percebam que as pessoas que procuram uma segunda carreira não são «desajustadas» ou «fracassadas». Também sabemos que são necessários esforços organizados por parte do empregador para colocar o empregado de meia-idade numa segunda carreira. De facto, sabemos que o melhor a fazer é encontrar algumas potenciais oportunidades de emprego para essas pessoas *antes* de lhes dizer que têm de ir embora.

Muito mais importante é que a abolição da idade fixa da reforma irá tornar uma segunda carreira numa coisa rotineira e comum. Muitas pessoas terão múltiplas «vias de carreira» por onde escolher, porque cada vez mais pessoas mudarão de carreira aos 45 anos e, mais uma vez, quando chegarem ao fim dos 60 ou ao início dos 70 anos e mudarão para um trabalho a tempo parcial.

Em conclusão: a reforma flexível será a questão social central nos Estados Unidos durante a próxima década. Irá desempenhar o papel que o emprego das minorias desempenhou nos anos 1960 e que os direitos das mulheres desempenharam nos anos 1970. No entanto, os empregadores, os sindicatos e os governantes não dão mais atenção à reforma flexível do que aquela que davam aos direitos das minorias e das mulheres nos anos 1950. Isto será uma negligência onerosa e perigosa. As exigências geradas pela abolição da idade fixa da reforma — bem como as oportunidades criadas — devem estar nos primeiros pontos da lista de prioridades. São exigências que decorrem do grande êxito.

Isto porque a ampliação da esperança de vida é a maior conquista deste século. As exigências criadas por este êxito são relativamente fáceis de satisfazer. No entanto, agora é o momento de lidar com elas — daqui a dez anos, serão «problemas».

CAPÍTULO NOVE

# Ciência e indústria[13]

## *Desafios da interdependência antagonista*

NOS ESTADOS UNIDOS, A CIÊNCIA E A INDÚSTRIA costumavam manter uma relação de respeito mútuo baseada na convicção tácita de que dependiam uma da outra. Esta relação, apesar de distante, era extraordinariamente produtiva tanto para a ciência como para a indústria.

A primeira mudança na relação tradicional americana ocorreu após a Segunda Guerra Mundial. A investigação tornou-se em voga na indústria e no governo. Era o tempo em que o mercado bolsista avaliava uma empresa segundo a quantidade de dinheiro que gastava em investigação, e em que um sumptuoso centro de investigação com aspeto de *campus* era considerado prova da competência da administração. De forma semelhante, neste período — que culminou no programa espacial dos anos 1960 —, a ciência e a investigação passaram a ser cada vez mais vistas como a marca do programa do governo eficaz, bem planeado e progressista.

Nos anos após a guerra, a capacidade da América para dar uma aplicação industrial à ciência era considerada o ponto fortíssimo da ciência e da indústria americanas. Vários estudos observavam que os britânicos, por exemplo, estavam à altura da América no plano científico. Mas os britânicos não eram capazes de converter as suas conquistas científicas — na eletrónica, na química de polímeros, na informática, nos radares ou na aviação — em tecnologia, em produtos e em progresso económico, enquanto a América era capaz de o fazer.

Do mesmo modo, em especial durante os anos de Truman e Kennedy, a vontade, e até a ânsia, dos políticos e do governo executivo da América de aplicar a ciência — tanto *hard* como *soft* — ao estudo dos problemas sociais e políticos e à conceção de programas sociais e políticos era percecionada dentro e fora do país como uma grande e distinta conquista americana. A capacidade de inovação da sociedade americana era geralmente explicada em todo o mundo, incluindo nos países comunistas, como o resultado da sensibilidade do cientista

[13] Publicado originalmente em *Science*, 25 de maio de 1979.

americano às necessidades e oportunidades políticas e sociais, e aos valores e às dinâmicas do processo político.

Em termos quantitativos, a relação parece estar tão próxima como nunca — e talvez até mais próxima nas ciências computacionais, na física do estado sólido e na física nuclear, nas ciências naturais e na bioquímica. Pode dizer-se que nada mudou realmente, apesar de todos os discursos sobre a irrelevância da ciência ou da perversidade do «imperialismo americano» pelos fortes críticos da Nova Esquerda, apesar do Vietname, apesar da inflação, etc. De facto, pode dizer-se que os desenvolvimentos e os acontecimentos mediáticos altamente publicitados e visíveis — os criadores de títulos de jornais e de manifestações — são pouco mais do que espuma na superfície do oceano.

No entanto, houve uma grande mudança, não nas realidades mensuráveis da relação entre a ciência e os decisores na indústria e no governo, mas nos estados de espírito, nos valores e no significado da relação. Hoje, há desconfiança, desencanto, antipatia mútua e, pior, falta de interesse mútuo. Muitos dos cientistas americanos atuais tendem a ver a relação tradicional como corrompida ou impura. A indústria continua a afirmar honrar a relação e a respeitar a investigação. No entanto, as ações da indústria já não correspondem às suas afirmações. Quanto ao governo, há agora uma forte tendência para ajuizar a ciência por aquilo que é politicamente conveniente ou popular; ou seja, para tentar subordinar a ciência, pura ou aplicada, para valorizar juízos que se opõem e que se incompatibilizam amplamente com todos os critérios a que podemos chamar científicos.

Tanto na indústria como no governo, há cada vez mais dúvidas de que a ciência e a investigação conduzam realmente a resultados. Diz-se que isto reflete a ampliação dos tempos de ciclo, resultante do aumento da complexidade e da especialização da investigação científica atual. Mas não há indícios de que os tempos de ciclo tenham aumentado; o período de tempo entre o novo conhecimento teórico e a sua primeira aplicação são os mesmos 30–40 anos que foram sempre (por exemplo, entre a teoria de Maxwell e a Westinghouse, entre a difração de raios-X e o desenvolvimento, por Carruthers, do nylon e da polimerização, ou entre a mecânica quântica e os semicondutores). O que está a mudar não são os factos, mas sim a fé. Nos dois lados, o ambiente é de alienação, e talvez até de recriminação. É um ambiente perigoso, sobretudo para a ciência e para os cientistas americanos. Ambos os lados podem perder, mas a ciência pode perder muito mais.

## Meios da indústria

A mentalidade e os valores da indústria — mas também do decisor governamental preocupado com políticas eficazes — estão em perigo de se tornarem hostis às necessidades, aos valores, aos objetivos e à perceção da ciência.

Uma razão para isto é o aumento da pressão, em especial num período inflacionário, para produzir resultados depressa. Um período inflacionário, por definição, é um período que corrói e destrói o capital industrial e político. Num período inflacionário, o valor existente dos resultados futuros está sujeito à taxa de desconto excessivamente alta da inflação, que, com efeito, significa que nenhum resultado num ano ou dois no futuro tem algum valor presente, quer o valor seja definido em termos económicos quer em termos políticos. Por conseguinte, não é um período em que a indústria ou o decisor político possam correr riscos.

Assim, num período inflacionário, a indústria e o decisor político concentram-se em resultados pequenos, mas certos e imediatos; ou seja, naquilo que pode ser calculado com alta probabilidade. A aplicação do verdadeiro conhecimento científico é, por definição, uma grande aposta, cujos resultados estão longe no futuro e, por isso, são altamente incertos, mas muito grandes no caso de sucesso. Num período inflacionário, o industrial ou o decisor político é quase obrigado ao resultado pequeno, mas rápido de muitos projetos pequenos e pouco importantes, que requerem muito pouca ciência e que só podem ser negativamente afetados se forem expostos a demasiada ciência.

## Efeitos dos impostos e investimentos

Talvez mais importante — ou pelo menos mais insidiosamente prejudicial durante um longo período — é a taxação. O sistema fiscal adotado pelos Estados Unidos nos últimos vinte anos penaliza a investigação básica e a adaptação desta à tecnologia. Pior, pelo funcionamento combinado do imposto de rendimentos sobre as empresas e do imposto sobre os ganhos de capital, o sistema favorece fortemente os resultados a curto prazo e imediatos, e torna pouco atraentes e pouco recompensadores os investimentos a longo prazo num futuro incerto.

Igualmente inimigo do investimento em investigação e em inovação é o peso cada vez maior da regulação. Não é que esta acrescente custo, mas cria incerteza. Seja a respeito do ambiente, da segurança ou de novos medicamentos, a regulação torna irracional o investimento em investigação, diminuindo não só as hipóteses de produção de resultados utilizáveis, mas também tornando a investigação num jogo viciado.

As leis fiscais e as regulações também desviam a indústria do foco tecnológico para o conglomerado financeiro. Segundo as leis fiscais dos Estados Unidos — leis cuja forma não existe em muitos países —, os proveitos da liquidação de um negócio, de uma linha de produtos ou de uma tecnologia obsoletas são considerados lucros e taxados como tal à empresa e ao investidor. Por isso, em vez de liquidarem o que é obsoleto, têm de arranjar novos investimentos em novos negócios para o dinheiro libertado pelo abandono de velha tecnologia, de uma velha linha de produtos ou de um velho mercado. Esta política torna cada vez mais difícil mudar recursos de áreas de produtividade baixa e decrescente para áreas de produtividade alta e crescente, o que impede a inovação. Também desvia as empresas de um foco tecnológico para um foco financeiro, e leva a que a administração seja cada vez mais uma questão de encontrar o investimento financeiro certo.

## O viés antimonopolista

Esta pressão constante das leis fiscais, que resulta num desvio do científico e do tecnológico para o financeiro, e do longo prazo para o curto prazo, é depois agravada pelas leis antimonopolistas, que são provavelmente mais responsáveis do que qualquer outro fator por desviarem a indústria americana de uma base tecnológica e orientada para a ciência para o conglomerado baseado nas finanças.

Na economia mundial, até as grandes empresas em termos nacionais estão a tornar-se marginais e mesmo demasiado pequenas. A «grande empresa» de 1938 ou até de 1958 é uma empresa pequena e até marginal na economia mundial de 1979. No entanto, as nossas leis antimonopolistas veem com desconfiança o crescimento das empresas, exceto através da formação de conglomerados, que, porém, não têm o núcleo fundamental de unidade tecnológica. Este conglomerado está mais focado nos resultados financeiros do que nos resultados tecnológicos. Por isso, o investimento em investigação a longo prazo e na aplicação do conhecimento científico à produção económica torna-se difícil no conglomerado. Os indivíduos que são bons na criação e gestão de conglomerados são indivíduos financeiramente orientados. As empresas de ontem, com a sua tecnologia unificada, organizada em torno de um processo, como o fabrico de vidro, eram basicamente orientadas pela tecnologia e, portanto, dependiam da ciência para o seu futuro. O conglomerado, que inclui tudo desde latas até eletrónica, restaurantes de *fast-food* e lojas de roupa, de companhias aéreas até bancos e lojas de brinquedos, é necessariamente orientado para a finança. A investigação torna-se mais um custo do que uma produtora da riqueza do futuro.

Forças semelhantes operam no governo no que respeita ao interesse e ao investimento na ciência. Até o empresário de vistas curtas tem de se concentrar no curto prazo e no longo prazo. No entanto, um orçamento governamental é sempre míope. Não conhece outro horizonte temporal que não o ano fiscal. Tem de justificar a afetação de recursos com base em expedientes de curto prazo e essencialmente políticos. Esta foi uma das razões por que, há 20 anos, alguns cientistas americanos, mais velhos e sábios, alertaram para a dependência em relação ao governo. Os seus receios revelaram-se bem justificados. Assim que a ciência deixa de ser popular e um artigo de fé e se torna *uma* aplicação de fundos governamentais em vez de *a* aplicação de fundos governamentais, as pressões do processo orçamental tornam a ciência uma escolha de baixa prioridade para o político e o burocrata.

Também há desencanto com os resultados. Não importa se a ciência criou demasiadas expectativas ou se a indústria e o governo esperavam milagres; os resultados que as empresas e o governo esperavam quando fizeram despesas sumptuosas em investigação científica raramente foram obtidos. Não há dúvida de que a relação entre trabalho científico e resultados — quer em termos de bens, serviços ou benefícios como melhores escolas ou melhores cuidados de saúde — é muito mais complexa e difícil do que o cientista ou o político pensavam.

Como resultado destas pressões e destes desenvolvimentos, a indústria e o governo tendem para aquilo a que se pode chamar uma escolástica do orçamento, em que este é um sistema fechado, com a sua própria lógica absoluta.

Tanto o executivo da empresa como o executivo do governo professam fé na investigação, mas, hoje, nenhum deles a pratica. A mentalidade dos executivos, seja nas empresas seja no governo, e os seus valores passam assim, inexoravelmente, daquilo a que Thorstein Veblen, há cerca de 60 anos, designava por «o instinto de manufatura» para aquilo a que chamava «o espírito empresarial» — hoje, o termo certo seria «o espírito orçamental». É uma mudança de uma preocupação com a criação de recursos produtores de riqueza para resultados imediatos. É uma mudança no custo-eficácia, da ênfase na eficácia para a ênfase no custo. E esta tendência é hoje talvez mais pronunciada no governo do que nas empresas.

## Afastamento

Olhemos para o que fez mudar o espírito, a mentalidade e os valores da ciência americana. Estas mudanças, ou pelo menos as suas causas subjacentes, remontam a um período anterior durante o qual a relação entre a ciência e os seus patrocinadores e clientes não científicos, tanto na indústria como no governo, parecia muito mais próxima, mais harmoniosa e mais produtiva.

A ciência americana começou a sentir-se desconfortável na relação tradicional de coexistência mutuamente vantajosa. Ou talvez a ciência tivesse estado sempre desconfortável, mas não tivesse alternativa até depois da Segunda Guerra Mundial, quando o governo surgiu como o seu patrocinador mais rico e generoso. Enquanto a indústria gastava centenas ou milhares de dólares e contratava uma dúzia de cientistas, o governo gastava milhares de milhões e parecia ter um apetite insaciável por profissionais de ciência bem pagos num número cada vez maior de departamentos governamentais.

De forma ainda mais atraente, o governo oferecia cada vez mais aos cientistas, incluindo muitos jovens ainda no início da carreira científica, o melhor de dois mundos: viver na academia com um rendimento de Washington. Não admira que a procura de bolsas se tenha tornado rapidamente a mais prezada e bem-sucedida das artes liberais. E enquanto a indústria, sempre que oferecia apoio, tinha o hábito insultuoso de esperar resultados, o governo parecia disposto a apoiar o cientista em nome da ciência. De facto, qualquer indivíduo que, nos tempos floridos de inícios dos anos 1960, levantasse questões desagradáveis como a responsabilidade dos cientistas subvencionados em termos de desempenho e resultados, corria o risco de ser considerado anti-intelectual. E quem duvidasse de que o apoio do governo iria continuar a aumentar, ou de que as intenções do governo fossem realmente honrosas, seria provavelmente ignorado como um velho-careta.

Como consequência, a ciência habituou-se a grandes somas de dinheiro público, em troca das quais tinha então de aceitar critérios mais económicos do que políticos para o êxito e o desempenho, sendo o principal critério a possibilidade de um programa de apoio a um grande empreendimento científico ser vendido aos decisores políticos; e — uma consequência lógica — se esta ou aquela busca de conhecimento se ajustava às ideologias políticas e aos interesses populares desta ou daquela fação. Assim, a ciência americana, de forma muito compreensível, acabou por considerar a questão da aplicação económica e dos benefícios económicos irrelevante e incómoda, se não até aviltante. Poucos levantavam a questão de saber se o favorecimento e a aclamação políticos não seriam também igualmente irrelevantes e talvez até mais aviltantes como critérios de sucesso científico.

No entanto, considero ainda mais crucial, no afastamento da ciência em relação à indústria, o facto de, no último quarto de século, o trabalho universitário se ter concentrado na produção de doutoramentos, certificados para lecionar em instituições de ensino superior. Antes da Segunda Guerra Mundial, o ensino da Ciência na universidade centrava-se nos não-licenciados, nos estudantes que não iriam fazer carreira na ciência. Na universidade, o foco era sobretudo na preparação de cientistas de investigação para laboratórios externos, ou seja, na indústria e, em menor medida, no governo. Os melhores alunos eram os que obtinham depois os bons cargos na indústria; para os cientistas licenciados, os outros empregos eram excessivamente escassos.

A «explosão educativa» de meados dos anos 1950 significou necessariamente uma mudança no foco para a teoria básica, que é aquilo que um professor leciona no primeiro ciclo universitário. Significou necessariamente uma perda de contacto com a indústria, porque os melhores licenciados já não iam para a indústria — e é sobretudo através dos seus licenciados que o cientista universitário se mantém em contacto com o mundo fora da ciência. De facto, os melhores alunos do cientista distinto nem sequer davam aulas a não graduados, ficando no ensino e na investigação de pós-graduação. A explosão educativa transformou o académico num produtor de massas, um industrial que produz licenciados. O ensino superior tornou-se uma indústria de crescimento, e a universidade tornou-se essencialmente um sistema fechado, formando indivíduos para a sua própria continuação e perpetuação.

Isto também alterou o sentido da investigação. A investigação tornou-se algo para o qual uma pessoa adquire o direito a um tipo específico de cargo, de promoção ou de mandato. Tornou-se um bilhete de entrada. Sempre que um tipo de trabalho se torna um bilhete de entrada, torna-se cada vez mais formalizado. Concentra-se cada vez mais na satisfação dos requisitos do que na produção de resultados.

Mais uma vez, há 15 anos, só um «velho-careta» se atreveria a sugerir que o ingresso no ensino pós-graduado e, em especial, em programas de pós-graduação que formam professores para o ensino pós-graduado, não poderia aumentar indefinidamente. Muito depois ter ocorrido o *baby bust* de 1960–61 — de facto, muito depois de se ter tornado claramente irreversível —, as escolas pós-graduadas e, em especial, as de ciência, continuaram a intensificar os seus esforços para produzir grande número de graduados formados e mentalmente preparados para carreiras rápidas na «indústria do crescimento» académico da universidade em plena expansão. Quando a universidade parou de se expandir, esses graduados sentiram-se compreensivelmente desiludidos. Não culparam a universidade que os convencera e que fizera promessas exageradas. Não aceitaram os factos do *baby boom* e do *baby bust*. Tenderam a culpar o mundo exterior, nomeadamente a indústria e o governo.

Estes desenvolvimentos podem explicar aquela que, para o observador externo, parece ser a mudança mais fundamental de todas. Trata-se da mudança para uma definição do conhecimento como «o que não tem utilidade e com pouca probabilidade de ser aplicado». Isto não é uma forma de marxismo, muito menos de responsabilidade social. É incompatível com qualquer filosofia da sociedade ou economia. E é muito mais elitista, no pior sentido possível, do que o alegado elitismo do académico tradicional. É uma visão da ciência como existindo principalmente para o bem da academia.

De uma forma geral, o cientista americano ainda invoca Francis Bacon como seu santo padroeiro. Mas, para um observador externo, e especialmente um observador externo situado nas instituições empregadoras que não a própria universidade — ou seja, no governo ou na indústria —, parece por vezes que a ciência americana está a mudar rapidamente para a sua própria neoescolástica, o seu próprio sistema fechado. Tal como qualquer escolástica, desconfia da experiência, apesar da sua ênfase nas experiências. Tende a rejeitar a utilidade, a aplicação, a tecnologia e qualquer tipo de resultado. Para o observador externo, parece que a mentalidade e os valores da ciência americana estão a tornar-se incompatíveis com a aplicação, a utilidade e os resultados.

## Os perigos

A mudança da ciência e da indústria do respeito mútuo e da interdependência vantajosa para o antagonismo e a alienação que caracteriza os últimos 10 ou 15 anos é, desde logo, perigosa para a indústria americana. O grande perigo é que aquilo a que chamei o «espírito orçamental» paralise a capacidade de inovação e de mudança.

Sabemos muito pouco sobre a relação atual entre o conhecimento científico e a tecnologia, mas sabemos que a ciência cria visão e capacidade de desempenho. Seria um erro trocar a maior capacidade analítica do decisor no governo e nas empresas pela falta de visão, pela falta de vontade de inovar e pela paralisação da capacidade de mudar. Vivemos num período em que a capacidade de mudar será crucial, com os impactos da ciência do século XX na nossa visão, bem como na nossa tecnologia e no nosso modo de vida, a começarem agora a ser significativos.

O perigo da mudança para o antagonismo e a alienação, porém, é ainda maior para a ciência do que para a indústria. É possível, e até bastante fácil, comprar a aplicação da ciência. Pela sua própria natureza, a ciência é pública. A tecnologia, a aplicação da ciência, está normalmente disponível numa forma pré-embalada e aplicável e por um preço razoável. Isto foi provado por países totalmente diferentes como a União Soviética e o Japão. Nestes, o investimento na ciência tem sido baixo: na União Soviética, tem-se concentrado em poucas áreas selecionadas, consideradas de grande importância para a defesa; e no Japão, tem estado reservado a áreas consideradas intelectualmente prestigiantes. Nos dois países, os frutos tecnológicos da ciência podiam ser facilmente comprados pelo mundo exterior.

Por outras palavras, não é verdade que um país moderno e desenvolvido precise de uma base científica. Pode comprá-la ou importá-la. Se a ciência americana perder o apoio da indústria e dos decisores políticos por desdenhar ambos em nome da «pureza» científica, pode descobrir que, durante muitos anos, o país pode passar sem ela. Poderá haver um preço muito alto a pagar, mas será num futuro distante.

Em termos puramente oportunistas, a ciência americana pode, pois, dar-se ao luxo de se afastar da indústria. É claro que a expectativa de que o governo poderia ser um patrocinador mais fiável e menos exigente que a indústria já não pode ser mantida. O governo pode revelar-se um patrocinador muito menos dependente e mais restritivo do que o sector económico alguma vez poderia ser. É muito provável que o governo imponha valores políticos à ciência, muito mais do que faria a indústria pluralista e atomizada, quer se trate da investigação biomédica com as suas modas politicamente populares e programas de choque, da exigência que a investigação científica se concentre mais em projetos do que no conhecimento, ou da exigência que o que é ciência é aquilo que elege políticos ou que apraz a uma multidão intelectual.

Do mesmo modo, já não é possível basear a ciência americana na formação de doutorados para o ensino universitário. Durante muitos anos, as universidades terão excesso de pessoal, em especial nas disciplinas científicas tradicionais. Ao mesmo tempo, a empregabilidade no governo para pessoas com formação científica entrou num planalto e, de facto, pode descer em vez de subir — porque os cargos estão ocupados e porque os cortes de despesas podem afetar mais as áreas de promessa a longo prazo (ou seja, as áreas que empregam muitos cientistas) do que as áreas de resultados imediatos.

Nos próximos 20 anos, a ciência americana terá, portanto, de olhar para a indústria em busca de emprego para os seus graduados. Tal como há 40 ou 50 anos, voltará a ser regra esperar que os melhores graduados encontrem emprego e sustento na indústria. A alternativa é uma redução acentuada do meio académico na ciência, em especial do trabalho graduado na ciência, e quase de certeza uma queda dos padrões e da qualidade.

## A questão filosófica

A sociedade livre e moderna assenta em três alicerces: o governo local autónomo oposto à burocracia centralizada do absolutismo esclarecido; a autonomia da ciência como valor independente e investigação intelectual autónoma; e pluralismo na esfera económica, em que as instituições autónomas têm a missão de promover o bem-estar económico. Estes três alicerces são interdependentes.

Dos três, a indústria mostrou-se capaz de sobreviver mesmo que a sociedade livre seja extinta. Na sociedade mais totalitária, a unidade económica — ou seja, a gestão da indústria — continua a ser autónoma. Sempre que um tirano moderno tentou subordinar as instituições económicas ao partido todo-poderoso, fracassou, e muito depressa. Os sucessores de Estaline aprenderam esta lição, tal como hoje os sucessores de Mao na China.

A ciência, pelo contrário, mostrou-se frágil, facilmente subordinada à tirania, sujeita ao controlo de pensamento dogmático e facilmente engolida pelo aparelho burocrático de um sistema totalitário. Por outras palavras, a ciência tem mais interesse na sobrevivência de uma indústria autónoma do que a indústria tem na sobrevivência de uma ciência autónoma.

A deterioração da relação entre a ciência e a indústria pode ser apenas um sintoma de mudanças muito mais profundas no mundo. Mas a mudança é em si mesma um sintoma perigoso, perturbador e doloroso que merece ser tratado.

Talvez seja muito necessária uma atitude de responsabilidade por parte da ciência. Já não é permissível que os cientistas ignorem a questão difícil dos resultados que os leigos podem esperar do trabalho e da investigação científica. Dizer, como tendem a dizer os cientistas, que o conhecimento científico é o seu próprio resultado para lá da apreciação ou da avaliação, podia ser justificado quando a ciência era uma atividade marginal. Isto é um argumento com que se justifica um pequeno luxo ou um prazer inofensivo. Podemos nunca conseguir avaliar resultados científicos, e muito menos planeá-los. Mas a ciência pode — e deve — ser capaz de nos dizer o que devemos esperar, o que prever e como avaliar. Talvez não se possa avaliar a ciência, mas a ciência pode prestar contas.

Esta mudança de atitude pode não curar nada. Mas permitiria que a ciência, a indústria e o governo funcionassem melhor e de forma mais produtiva. E não há dúvida de que a iniciativa cabe à ciência. Podemos nunca resolver a relação complexa entre ciência, tecnologia e inovação, seja na economia, na educação ou na saúde. Mas é preciso enfatizar que o cientista tem interesse na relação e na sua produtividade, e é o próprio cientista que deve enfatizar isto.

Contudo, a indústria e os decisores políticos também precisam de mudar as suas atitudes e de corrigir a sua visão. Sabem que a redução da investigação e do trabalho a longo prazo é perigosa e pode ser até suicida. A forma de converter este conhecimento em ação é o abandono sistemático do obsoleto, do ultrapassado, daquilo que já não é produtivo. Em algumas empresas, isto é compreendido. Nelas, qualquer produto, qualquer tecnologia, qualquer processo é visto como estando a tornar-se obsoleto; a única questão é: «A que velocidade?» E depois faz-se uma tentativa para avaliar a quantidade de novidade, em especial de nova ciência e tecnologia, que é necessária para preencher a lacuna, reconhecendo que, de três grandes impulsos inovadores, pelo menos um cumprirá a sua promessa. No entanto, para a maioria das empresas, isto ainda é apenas teoria — quando não é firmemente resistido como uma ameaça. A maioria das empresas — e praticamente todos os governos — parecem acreditar que o passado deve durar para sempre.

A relação tradicional entre a ciência e os seus clientes no sistema económico e governamental baseava-se no respeito e na compreensão mútuos, e numa forte consciência de interdependência. A ciência americana tem de regressar a estes valores, por muito antiquados que possam agora parecer.

# CAPÍTULO DEZ

# Como garantir o mau desempenho[14]

## I

NINGUÉM PODE GARANTIR o bom desempenho de um programa de serviço público. Mas sabemos como garantir o mau desempenho com absoluta certeza. Se cometermos dois dos seguintes pecados de administração pública, haverá inevitavelmente mau desempenho. De facto, cometer todos os seis, como fazem muitas agências de serviço público, é completamente desnecessário e exagerado.

1. A primeira coisa a fazer para garantir que um programa não tenha resultados é ter um objetivo grandioso: «cuidados de saúde», por exemplo, ou «ajudar os desfavorecidos». Estes sentimentos fazem parte do preâmbulo. Explicam mais a criação de um programa específico ou de uma agência do que aquilo que o programa ou a agência devem fazer[15]. Usar estas afirmações como «objetivos» garante, pois, que nenhum trabalho eficaz será feito, porque o trabalho é sempre específico, sempre rotineiro, sempre focado. No entanto, sem trabalho, há mau desempenho.
   Para ter bom desempenho, um programa precisa de objetivos claros, cuja concretização possa ser avaliada, apreciada, ou pelo menos ajuizada. «Cuidados de saúde» não é sequer uma intenção piedosa; quando muito, é um mote vago. Até «os melhores cuidados médicos para os doentes», o objetivo de muitos hospitais do Sistema Nacional de Saúde britânico, é pouco operacional. Mas é significativo dizer: «O nosso objetivo é certificar-nos de que nenhum paciente que vá às urgências passe mais de três minutos sem ser visto por um enfermeiro qualificado de triagem.» É um objetivo apropriado dizer: «Daqui a três anos, a nossa ala de maternidade

---

[14] Publicado originalmente em *Public Administration Review*, março-abril de 1980.

[15] Sobre isto, ver também «Que resultados devemos esperar?».

será gerida numa base de "zero defeitos", o que significa que não haverá "surpresas" na Sala de Partos e que não haverá um único caso de febre puerperal pós-parto na Maternidade.» «Promover o bem-estar do agricultor americano» é eleitoralista. «Instalar eletricidade em pelo menos 25 por cento das quintas americanas nos próximos três anos» — o primeiro objetivo da Administração da Eletrificação Rural do *New Deal* (talvez a agência de serviço público mais bem-sucedida em toda a nossa história administrativa) — era um objetivo específico, avaliável, viável, e foi concretizado. Degenerou imediatamente em trabalho e, pouco depois, em bom desempenho.

2. A segunda estratégia que garante a produção de mau desempenho é tentar fazer várias coisas ao mesmo tempo. É recusar estabelecer prioridades e segui-las. A divisão dos esforços garante maus resultados. No entanto, sem concentração numa prioridade, os esforços serão divididos. E quanto maior é o programa, mais os esforços divididos produzirão mau desempenho. Contudo, até os programas mal concebidos podem ter resultados, se se estabelecerem prioridades e se os esforços forem concentrados.
   Hoje, é popular colocar as culpas do fracasso de muitos dos programas da «Guerra à Pobreza» de Lyndon Johnson nas suas fracas fundações teóricas. No entanto, mal ou bem concebidas, algumas escolas «Headstart» tiveram resultados significativos; todas, sem exceção, foram escolas que escolheram uma prioridade primordial: ensinar as crianças a lerem letras e números, por exemplo. Todas seguiram o compromisso prioritário, apesar das fortes críticas de Washington e de todos os tipos de dogmatismos.
   Um exemplo ainda mais impressionante é a Tennessee Valley Authority (TVA), nos anos 1930. O projeto-lei de criação da TVA só passou no Congresso, apesar da oposição tremenda, porque os seus defensores prometeram vários benefícios diferentes, se não incompatíveis com, a vários interessados diferentes e mutuamente antagónicos: eletricidade barata, fertilizantes baratos, controlo de inundações, irrigação, navegação, desenvolvimento da comunidade e tudo o mais. O primeiro administrador da TVA, Arthur Morgan, um grande engenheiro, tentou depois cumprir estas promessas e satisfazer todos os interessados. O único resultado foi uma burocracia incontrolavelmente crescente, despesas incontrolavelmente crescentes e uma total falta de desempenho. De facto, nos seus primeiros tempos, a TVA assemelhava-se a uma dessas «confusões» que hoje criticamos em Washington. O então presidente Roosevelt destituiu Morgan, substituindo-o por um jovem jurista de serviços públicos desconhecido do Wisconsin, David Lilienthal, que de imediato — contra todos os conselhos de todos os «profissionais» — anunciou a sua prioridade: produção de eletricidade. E, um ano depois, a TVA produziu resultados, e Lilienthal não sofreu oposição, tendo sido universalmente aclamado como um salvador.

3. O terceiro pecado mortal do administrador público é acreditar que «gordo é belo». Mas a massa não funciona; o que funciona são cérebros e músculos. De facto, a obesidade inibe o trabalho; e a grande obesidade imobiliza por completo.
Hoje, ouve-se muito falar da falácia de «lançar dinheiro para os problemas». Mas não é isto que temos realmente feito. Temos lançado homens para os problemas, sendo o Vietname talvez o pior exemplo. E o excesso de pessoal é ainda pior que o excesso de fundos. Os administradores atuais, civis ou militares, tendem a pensar que a melhor maneira de lidar com um problema é mobilizar cada vez mais pessoas contra esse problema. No entanto, um resultado certo de ter mais corpos corresponde a maiores dificuldades em logística, em gestão de pessoal e em comunicações. A massa aumenta o peso, mas não necessariamente a competência. Isto requer direção, decisão, estratégia, e não mais e mais pessoal. O excesso de pessoal não é apenas mais difícil de corrigir do que a falta de pessoal. Torna o mau desempenho praticamente certo, porque o excesso de pessoal concentra sempre as energias no interior, na «administração» em vez de nos «resultados», na maquinaria em vez de no seu objetivo. Leva sempre a que as reuniões e os memorandos se tornem fins em si mesmos. Imobiliza por detrás de uma fachada de ação furiosa. Harold Ickes, secretário do Interior de FDR e um dos administradores mais bem-sucedidos do *New Deal*, perguntava sempre: «Qual é o número mais pequeno possível de pessoas que precisamos para cumprir este objetivo?» Há muito tempo que ninguém em Washington (ou nos governos estaduais) faz esta pergunta.
4. «Não experimente, seja dogmático» é outro dos pecados mortais dos administradores — e dos mais comuns. «Faça o que fizer, faça-o em grande escala logo à primeira. Senão, Deus nos livre, ainda pode aprender a fazê-lo de outra maneira.» Na inovação técnica ou de produto, saltamos por vezes a fase de instalação-piloto, normalmente para nosso mal, mas pelo menos construímos um modelo e testamo-lo. No serviço público, começamos cada vez mais com uma «posição», ou seja, com uma teoria não testada, que é imediatamente aplicada em termos nacionais e até internacionais. O exemplo mais flagrante terá sido o dogmatismo ultraescolástico com que se implementaram os programas nacionais da «Guerra à Pobreza», que se baseavam em teorias de ciência social totalmente especulativas e não testadas, sem qualquer suporte em evidência científica.
No entanto, mesmo que as teorias em que um tal programa se baseia sejam boas, a aplicação bem-sucedida requer sempre adaptação, ajustamento e calibração. Requer sempre um teste contra a realidade antes da sua aplicação. Acima de tudo, qualquer novo programa, por muito bem concebido que seja, deparará sempre com o inesperado, sejam

«problemas» inesperados sejam «sucessos» inesperados. E é preciso pessoas que o compreendam realmente, por terem passado por um programa semelhante numa escala menor, pessoas que saibam se o problema inesperado é ou não relevante, mas também se o sucesso inesperado é uma conquista casual ou genuína.

Não há dúvida de que uma das principais razões do sucesso de muitos dos programas do *New Deal* foi a realização de experiências prévias em «pequena escala» em Estados e cidades — no Wisconsin, por exemplo, no Estado de Nova Iorque, ou na cidade de Nova Iorque, ou numa das administrações de reforma em Chicago. E todos os excelentes administradores do programa do *New Deal* — Frances Perkins no Trabalho, Harold Ickes no Interior, ou Arthur Altmeyer na Segurança Social — haviam passado por essas experiências prévias em pequena escala. Mas os programas realmente fracassados do *New Deal*, a Works Progress Administration, por exemplo, foram programas que, sem exceção, não haviam sido previamente desenvolvidos em experiências de pequena escala em governos locais ou estaduais, mas que foram implementados como panaceias abrangentes e nacionais.

5. «Certifique-se de que não aprende com a experiência» é outra receita para o mau desempenho na administração pública, outro dos seus pecados mortais. «Não pense muito previamente no que espera; depois, não compare os resultados com as expectativas para saber não só o que pode fazer bem, mas também onde estão os seus pontos fracos e as suas limitações.»

Qualquer organização, tal como qualquer indivíduo, faz bem certas coisas. Há coisas que «correm facilmente bem». Mas qualquer organização, tal como qualquer indivíduo, também é propensa a erros típicos, tem limitações típicas e os seus próprios pontos fracos. Se a organização não comparar os resultados com as suas expectativas, não perceberá o que faz bem e, assim, não aprenderá a aplicar os seus pontos fortes. E também não perceberá o que faz mal e, assim, não terá a oportunidade de melhorar e de compensar as suas debilidades, os seus pontos fracos. Tipicamente, por exemplo, algumas instituições esperam resultados demasiado depressa e desistem demasiado cedo. Muitas das agências da «Guerra contra a Pobreza» fizeram exatamente isso. Mas também há muitas organizações que demoram demasiado a reconhecer o facto de um programa ou uma política serem malsucedidos — as nossas políticas no Vietname, civis e militares, pertencem a esta categoria. Podemos aprender sempre com o *feedback*. E sabemos que o *feedback* dos resultados melhora sempre a capacidade de desempenho e a eficácia. Sem isso, porém, aumenta o domínio das debilidades, das limitações e dos pontos fracos. Sem aprender com os resultados por meio do *feedback*, qualquer organização, tal como qualquer indivíduo, perde inevitavelmente a sua capacidade de ter bom desempenho. No entanto, na maioria das instituições de serviço público, este *feedback* dos resultados é tabu. Ou melhor, se os resultados não se conformarem às expectativas, são considerados como irrelevantes. Ou são vistos como indicações da obtusidade dos clientes, do obscurantismo reacionário do público ou, pior, como evidência da necessidade de «fazer outro estudo». A maioria das instituições de serviço público, tanto governamentais como não-governamentais, concentram-se no orçamento. Mas o orçamento avalia as medidas e não os resultados. Para o desempenho, o orçamento tem de ser comparado com uma descrição dos resultados esperados e com o *feedback* sistemático dos resultados, sobre despesas e esforços. De outro modo, a agência irá, quase de imediato, canalizar mais e mais dos seus esforços para não-resultados e ficará prisioneira das suas limitações, das suas debilidades e dos seus pontos fracos, em vez de beneficiar dos seus próprios pontos fortes.

6. O último pecado dos administradores é o mais mortal e o mais comum: a incapacidade de abandonar. Sozinho, garante o mau desempenho, e em muito pouco tempo.
A teoria política tradicional, a teoria herdada de Aristóteles, diz que as tarefas do governo se baseiam na natureza da sociedade civil, que, por isso, são imutáveis: defesa, justiça, lei e ordem. No entanto, poucas das tarefas da administração pública moderna, das instituições de serviço público governamentais ou não-governamentais — como o hospital, a Cruz Vermelha, a universidade, os escuteiros —, têm esta natureza. Quase todas são artificiais e não baseadas nos princípios básicos da sociedade, e a maioria tem origem muito recente. Por conseguinte, todas têm em comum o facto de se tornarem inúteis muito depressa. Podem tornar-se inúteis porque a necessidade que serviam já não existe, ou já não é urgente. Podem tornar-se inúteis porque a velha necessidade aparece com uma nova roupagem que torna obsoletos os desenhos, as formas, as preocupações e as políticas presentes. O grande problema ambiental de 1910, por exemplo — e tratava-se de um perigo muito real —, era a poluição terrível dos cavalos, com o seu fedor, os seus dejetos líquidos e sólidos, que nessa altura ameaçavam enterrar as cidades. Se fôssemos tão ambientalmente conscientes nessa altura como somos agora, teríamos ficado sobrecarregados com agências que dez anos depois se tornariam totalmente inúteis e, porém, previsivelmente, dez anos depois teriam redobrado os seus esforços, pois teriam perdido totalmente de vista os seus objetivos. Mas um programa também se pode tornar inútil quando não produz resultados apesar de todos os esforços, como acontece com os atuais programas americanos de apoio social. Por último, no caso mais perigoso de todos, um programa torna-se inútil quando alcança os seus objetivos. O facto de termos hoje uma «confusão de apoio social» é, em grande medida, um resultado da conservação dos programas de apoio social do *New Deal* depois de terem alcançado os seus objetivos em 1940

ou 1941. Estes programas foram concebidos para lidar com os problemas causados pelo desemprego temporário dos chefes de família (quase todos brancos); por isso, não admira que tenham tido um mau desempenho quando foram aplicados a problemas totalmente diferentes causados, 10 ou 15 anos depois, pela migração em massa de mulheres negras sem aptidões ou experiência profissional da pobreza rural para os bairros pobres das cidades.

O pressuposto básico das instituições de serviço público, governamentais ou não-governamentais, é a imortalidade. É um pressuposto tolo. Condena a organização e os seus programas ao mau desempenho e à falta de resultados. O único pressuposto racional é que qualquer programa de serviço público irá mais cedo ou mais tarde — normalmente mais cedo — ultrapassar a sua utilidade, pelo menos na sua forma presente, a respeito dos seus objetivos presentes e com as suas políticas presentes. Um programa de serviço público que não contemple a sua própria mortalidade torna-se incapaz de ter um bom desempenho. Na sua forma original, já não pode produzir resultados; os objetivos ou deixaram de importar, tendo-se revelado inalcançáveis, ou foram alcançados. De facto, quanto mais bem-sucedida é uma agência de serviço público, mais cedo deixará de ser necessária. Depois, torna-se um impedimento ao bom desempenho se recusar abandonar a sua missão. A «March of Dimes», que recusou extinguir-se após ter realizado brilhantemente o feito de vencer a poliomielite para a qual fora criada, e que depois se tornou outra sugadora de dinheiro, é apenas um exemplo.

O administrador de um serviço público que quiser resultados e bom desempenho terá assim de criar na sua própria organização um processo organizado de abandono. Terá de aprender a fazer esta pergunta regularmente: «Se não estivéssemos já a fazer isto, será que agora — sabendo o que sabemos agora — o faríamos?» E se a resposta for «Não», não deve dizer: «Vamos fazer outro estudo», ou «Vamos pedir um orçamento maior.» Deve perguntar: «Como é que saímos daqui?», ou, pelo menos, «Como deixar de gastar mais esforço, mais recursos e mais pessoas nisto?»

## II

Evitar estes seis «pecados mortais» pode não garantir um bom desempenho e resultados na organização de serviço público. No entanto, evitá-los é um pré-requisito para o bom desempenho e para a obtenção de resultados. E não há nada de obscuro nestes conselhos. São simples, elementares e até óbvios. Contudo, como qualquer pessoa que esteja na administração pública sabe, a maioria dos administradores comete sempre muitos destes «pecados» e, de facto, todos eles na maioria das vezes.

Uma das razões é a pura cobardia. É «arriscado» descrever objetivos alcançáveis, concretos e avaliáveis — pelo menos é o que se costuma dizer. Também é corriqueiro, vulgar, podendo desencorajar os apoiantes e os dadores. «Os melhores cuidados do mundo» é um lema muito mais apelativo do que «Qualquer paciente da urgência será visto por um enfermeiro qualificado da triagem no espaço de três minutos». E estabelecer prioridades parece ser ainda mais perigoso — corre-se o risco de despertar a ira das pessoas que não se importam com a eletricidade ou com fertilizantes, mas que querem proteger uma determinada espécie de peixe ou de flor. E é claro que um indivíduo só «ganha importância» na burocracia se gastar milhares de milhões de dólares e empregar um exército de escriturários.

Talvez seja assim, mas a experiência não comprova a sabedoria comum. Os administradores de serviço público que estabelecem objetivos e prioridades e que concentram os seus recursos; os administradores que estão dispostos a perguntar «Qual é o número mais pequeno possível de pessoas de que precisamos para alcançar os nossos objetivos?», podem não ser sempre populares. Mas são respeitados, e raramente têm problemas. Podem não ir tão longe na sua carreira política como os que põem a popularidade acima do desempenho, mas, no fim, são aqueles de que nos lembramos.

## III

Mas, talvez ainda mais importante do que a cobardia como explicação para a tendência de grande parte da atual administração pública para seguir políticas que só podem resultar em mau desempenho, é a falta de preocupação com o desempenho na teoria da administração pública.

Durante um século, mais ou menos desde a guerra civil até 1960, o desempenho das instituições de serviço público foi considerado um dado adquirido nos Estados Unidos. E era considerado um dado adquirido porque os administradores anteriores sabiam de alguma maneira evitar os «pecados mortais» que aqui descrevi. Como resultado, a disciplina de Administração Pública — uma disciplina peculiarmente americana — não viu motivos para se preocupar com o desempenho. Não era um problema. Focava-se, em vez disso, no processo político, ou seja, na criação de programas. *Who Gets What, When, How?*, o título do clássico político de Harold Lasswell, de 1936, resume claramente um foco específico da administração pública americana, com o seu desafio à teoria política tradicional. O outro foco era processual: «A condução regrada da ação do governo», como uma geração anterior lhe chamava. Era uma preocupação necessária numa América que tinha pouca ou nenhuma tradição e experiência administrativa e que foi repentinamente projetada para programas enormes de serviço público, começando na Primeira Guerra Mundial, depois no *New Deal* e, por fim, na Segunda Guerra Mundial. Era preciso trabalhar em todas as fases daquilo a que agora chamamos «gestão»: pessoal, orçamento, organização, etc. Mas estas são preocupações internas. Agora, precisamos de um trabalho duro e sistemático para que as instituições de serviço público tenham bom desempenho.

Desde 1960, ou seja, nos últimos 20 anos, o mau desempenho é cada vez mais um dado adquirido. Há grandes programas que ainda são propostos, que ainda são debatidos e, em alguns casos, que ainda são implementados. Mas poucos são os que esperam que produzam resultados. Tudo o que hoje esperamos, seja de um novo Departamento de Educação em Washington ou de uma reorganização do governo estadual por um novo governador que prega que «Pequeno é belo», é mais despesa, um orçamento maior e mais burocracia ineficiente.

O mau desempenho das instituições de serviço público pode ser apenas um sintoma; a causa pode ser muito mais básica: uma crise nas próprias fundações e nos pressupostos em que assenta o mais alto feito da Era Moderna, o governo administrativo nacional.

Mas não há dúvida de que o mau desempenho da instituição de serviço público é um fator que contribui para a doença do governo, e um fator muito forte. Evitar os «pecados mortais» da administração pública pode ser apenas um alívio sintomático da doença do governo moderno. Mas, pelo menos, sabemos como fazê-lo.

CAPÍTULO ONZE

# Por detrás do sucesso do Japão[16]

«RECEIO MAIS OS JAPONESES DO QUE OS RUSSOS», disse-me recentemente um jovem advogado, sócio de uma grande firma de advocacia. «De facto, os russos querem conquistar o mundo. Mas a sua unidade é imposta a partir do topo e é pouco provável que sobreviva a um desafio. Os japoneses também querem conquistar-nos, e a sua unidade vem de dentro. Agem como um superconglomerado.» Contudo, isto é mais mito do que realidade. É verdade que os japoneses aprenderam como agir eficazmente na economia mundial e com consenso nacional por detrás das suas políticas. Mas a sua unidade não é o resultado de uma Japão Inc., de um monólito de pensamento e ação. É o resultado de algo muito mais interessante e, talvez, mais importante: trata-se de políticas que visam usar o conflito, a diversidade e a dissensão para produzir medidas e ações eficazes.

Para qualquer japonês, a Japão Inc. é uma piada, e uma não muito engraçada. Vê apenas fendas e não, como o estrangeiro, um «monólito». Aquilo que experiencia na sua vida quotidiana são tensões, pressões e conflitos, e não «harmonia». Têm, por exemplo, a concorrência intensa e até feroz entre os grandes bancos e entre os principais grupos industriais. E quase todos os japoneses estão pessoalmente envolvidos na feroz luta diária entre fações que — mais do que a unidade e a cooperação — caracteriza as instituições japonesas: a guerra de guerrilha constante que cada ministério trava contra todos os outros ministérios; os ataques e as quezílias entre fações no seio dos partidos políticos e no governo, mas também no seio de cada empresa e de cada universidade. Onde o estrangeiro vê cooperação próxima entre governo e empresas, os empresários japoneses veem tentativas do governo de intervir e impor, e um braço de ferro constante. «De facto», observa o CEO de uma grande empresa, «puxamos a mesma corda, mas em direções opostas». Mas o governo também não é sempre bem-sucedido em fazer a indústria trabalhar em conjunto e subordinar-se àquilo que o governo vê como o interesse nacional.

[16] Publicado originalmente em *Harvard Business Review*, janeiro-fevereiro de 1981.

Apesar de 20 anos de pressão constante, o alegadamente todo-poderoso Ministério do Comércio Internacional e da Indústria (MCII), por exemplo, não conseguiu que os grandes fabricantes japoneses de computadores juntassem os seus esforços — algo que a Alemanha, a França e a Grã-Bretanha fizeram.

Muitos estrangeiros louvam as relações industriais extraordinariamente harmoniosas do Japão. No entanto, o público japonês roga pragas aos ataques selvagens e demasiado comuns à Ferroviária Nacional detida pelo governo. Só onde os sindicatos são demasiado fracos, ou seja, no sector privado, é que as relações laborais são harmoniosas. Não há sinais de «harmonia» no sector público, onde (um legado da ocupação norte-americana) os sindicatos são fortes. De facto, os dirigentes sindicais japoneses costumam dizer, de um modo um tanto mordaz, que as empresas ocidentais sem sindicatos — a IBM, por exemplo — tendem a ter exatamente as mesmas políticas laborais e a mesma «harmonia» que a Japão Inc., de maneira que a situação japonesa significa hostilidade da administração para com os sindicatos em vez da lendária «harmonia».

No entanto, embora a Japão Inc. possa ser mais mito do que realidade, o Japão desenvolveu hábitos de comportamento político que o tornam singularmente eficaz como nação na política económica e na concorrência económica internacional. Um destes hábitos é a consideração profunda do impacto de alguma medida política na produtividade da indústria japonesa, na força competitiva do Japão nos mercados mundiais e nas balanças de pagamento e comerciais do Japão. Isto tornou-se quase uma segunda natureza dos decisores políticos japoneses, seja nos ministérios, no parlamento ou nas empresas, bem com dos analistas e críticos dos jornais populares ou nos departamentos de economia das universidades. Os japoneses estão demasiado cientes da sua dependência da importação da maior parte da energia e das matérias-primas e de dois terços dos alimentos para desdenharem o mundo exterior ou para o fazerem desaparecer do seu campo de visão, como os políticos, os departamentos governamentais e muitos economistas americanos tendem a fazer.

Os japoneses não entram em «declarações formais de impacto na produtividade». E o impacto destas na posição competitiva e na produtividade não é de modo algum o único critério para a adoção ou rejeição de uma medida proposta. Mesmo que a agência mais poderosa do governo se oponha a uma medida por causa dos seus impactos prejudiciais na posição do Japão na economia mundial, o público japonês ou a indústria japonesa podem apoiá-la — como fizeram a respeito da expansão da indústria automóvel japonesa.

O poderoso Ministério do Comércio Internacional e da Indústria, MCII, opôs-se constantemente, desde 1960 ou 1961, à expansão da indústria automóvel, em grande parte porque vê o automóvel privado como um «capricho» e como a porta para a «sociedade de consumo», que o puritano MCII detesta. Também havia, pelo menos nos primeiros anos, um forte ceticismo sobre a capacidade dos inexperientes construtores de automóveis japoneses de competirem contra outros construtores como a GM, a Ford, a Fiat e a Volkswagen. E havia, e continua a haver, o forte receio de que um grande mercado automóvel no Japão provoque exigências irresistíveis para abrir o país a importações estrangeiras — algo que o MCII está determinado a evitar. Mas o MCII também dizia — e com grande sinceridade — que a expansão da indústria automóvel teria um efeito adverso e até nocivo na balança comercial do Japão, na sua capacidade de vencer na economia mundial e na sua produtividade em geral. Os economistas do MCII diziam que quanto mais bem-sucedida fosse a indústria automóvel japonesa, piores seriam os impactos no Japão. O automóvel, observavam eles, requer duas das matérias-primas que mais faltam no Japão: o petróleo e o ferro fundido. Também requer o desvio de recursos escassos, de terra cultivável e de capital para a construção de autoestradas. Aquilo que o MCII queria era um investimento maciço para atualizar a capacidade de movimentação de carga dos caminhos de ferro.

Há muitos conservadores — e não apenas no MCII — que ainda dizem que deixar a indústria automóvel japonesa expandir-se foi um erro grave. Os ganhos das exportações da indústria, afirmam os conservadores, são apenas uma fração daquilo que o automóvel custa ao Japão em importações de petróleo e de ferro fundido, mesmo com vendas recorde de automóveis na América do Norte e na Europa Ocidental. Uma pequena parte das quantias gastas em autoestradas teriam dado às ferrovias japonesas a capacidade de movimentação de carga de que o país necessita e ainda não tem. No entanto, apesar das quantias enormes gastas em estradas, ainda não chegaram para construir um sistema adequado de autoestradas — o que resulta em camiões a entupirem as estradas pequenas, em altos custos de transporte para a indústria japonesa, uma concentração pouco saudável de pessoas e fábricas em redor de algumas cidades portuárias já sobrelotadas como Tóquio, Yokohama, Nagoia, Osaka e Fukuoka, e no aumento da poluição atmosférica.

O MCII perdeu o seu combate contra o automóvel, isto apesar da sua reputação de super-homem económico. Foi derrotado em parte pela indústria automóvel, que seguiu em frente apesar da oposição do MCII. Em grande parte, o MCII foi derrotado pela paixão do *Nabe-san*, o «homem comum japonês» (e a sua mulher), pelo automóvel, apesar dos seus altos custos, apesar da falta de lugares de estacionamento, apesar dos engarrafamentos que tornam um pesadelo a deslocação para o trabalho em todas as cidades japonesas, e apesar da poluição atmosférica, sobre a qual ninguém se queixa mais do que o *Nabe-san*, sentado ao volante.

Mas, pelo menos — e esta é a questão principal —, o impacto do automóvel na produtividade do Japão, na sua posição competitiva e na sua balança comercial foi seriamente considerado. E até os executivos da indústria automóvel que mais combateram o MCII admitem que era dever do ministério certificar-se de que esses impactos eram levados a sério, por muito populares que os automóveis sejam entre o consumidor e o eleitor japonês.

O impacto no Japão da sua posição competitiva na economia mundial é apenas uma das considerações que os dirigentes japoneses devem ponderar cuidadosamente antes de abraçarem uma medida política ou de implementarem uma política. Espera-se que comecem com a questão: «O que é bom para o país?», e não com: «O que é bom para nós, para a nossa instituição, para os nossos membros e eleitores?»

Em mais nenhum país existe grupos de interesse tão bem organizados como no Japão, com a sua série interminável de federações económicas, associações industriais, sociedades profissionais, grupos comerciais, «clubes» de interesse especial, guildas e tudo o mais. Cada um destes grupos de pressão usa descarada e abertamente o seu poder de voto e o seu dinheiro para promover os seus próprios fins egoístas de maneiras que fariam corar um dirigente da sociedade Tammany. No entanto, se quiser ser ouvido e ter influência no processo de decisão política, qualquer grupo tem de começar, no seu pensamento e nas suas deliberações, com o interesse nacional e não com os seus próprios interesses. Não se espera que seja «altruísta» e que defenda políticas que lhe possam custar dinheiro, poder ou votos — a tradição confuciana japonesa desconfia do autossacrifício, considerando-o pouco natural. Mas espera-se que o grupo ajuste aquilo que serve o seu próprio interesse a um quadro de necessidades nacionais, objetivos nacionais, aspirações e valores nacionais. Por vezes, isto não passa de hipocrisia clara, como quando os médicos japoneses dizem que a única ideia por detrás da sua bem-sucedida reivindicação de uma isenção quase total de impostos é a preocupação com a saúde da nação. Contudo, os médicos afirmam seguir a regra que exige que a questão «O que é o interesse nacional?» seja levantada em primeiro lugar. O facto de o sindicalismo não fazer isto e, em vez disso, ser forçado pela própria lógica do sindicalismo a afirmar que «O que é bom para os trabalhadores é, *ipso facto*, bom para o país», é provavelmente responsável pela falta de influência política e de aceitação pública do sindicato, apesar do seu número impressionante. E, inversamente, o facto de a gestão empresarial no Japão — ou pelo menos uma minoria substancial dos líderes empresariais — ter, durante 100 anos, subscrito a regra de que o interesse nacional está em primeiro lugar, e de a regra ter sido formulada por um dos primeiros líderes empresariais modernos do Japão, o empresário, banqueiro e filósofo da gestão do século XIX Eiichi Shibuzawa (1849–1931), também pode explicar porque é que os gestores empresariais são respeitosamente ouvidos sempre que se discutem políticas económicas e sociais, até pelos dois quintos da população japonesa que, fielmente, votam sempre em partidos e candidatos declaradamente marxistas e fortemente contra as empresas.

A exigência de que tomem a responsabilidade de pensar profundamente as políticas requeridas pelo interesse nacional força os grupos de liderança — e em especial os dirigentes empresariais — a liderarem. Exige que tomem a iniciativa e que formulem, proponham e defendam políticas nacionais *antes* de se tornarem questões. De facto, força os grupos de liderança a definirem quais são e quais devem ser as questões adequadas.

No Ocidente, e em especial nos Estados Unidos, espera-se que os «interesses» — como os «interesses» convencionais na esfera económica; as empresas, os sindicatos e os agricultores — comecem com as suas próprias preocupações e necessidades. Isto significa, em regra, que raramente podem agir em qualquer questão que seja geral e não sectorial. Só podem reagir. Não podem liderar; só podem opor-se ao que outros propõem. Isto porque, sempre que surge uma questão de interesse geral, alguém no grupo receia ser prejudicado, alguém se opõe a que se faça alguma coisa, e alguém se arrasta. É claro que, no Japão, qualquer proposta também pode sofrer oposição no seio de um grupo. Mas os interesses e as preocupações especiais dos membros do grupo, que formam o ponto de partida para as deliberações políticas no Ocidente, são postos de lado no Japão até que o interesse nacional seja seriamente pensado. No Ocidente, os interesses individuais, sectários e específicos são o foco da atenção; no Japão, são os qualificativos. A abordagem ocidental tende a conduzir à inação — ou a «outro estudo» — até que alguém de fora proponha uma lei ou um regulamento que seja então considerado «inaceitável». Mas isto é apenas ação de retaguarda para impedir a derrota ou para conter os danos, e, ainda pior, o outro lado determina então quais são ou quais devem ser as questões. No entanto, como os japoneses percebem claramente, definir a questão é o primeiro dever de um líder.

Mas a abordagem japonesa também significa que as empresas — e os outros grupos de liderança da sociedade — raramente são «surpreendidas». Afinal de contas, têm o dever de antecipar e de definir as questões. É claro que isto nem sempre funciona. A burocracia e os líderes empresariais do Japão estavam totalmente impreparados para a emergência explosiva da questão ambiental há dez anos — ainda que, nessa altura, já tivesse irrompido nos Estados Unidos e, por isso, houvesse muitos avisos. Hoje, os grupos de liderança do Japão — a burocracia, as empresas, os sindicatos e a academia — preferem ignorar o desafio de as mulheres ocuparem cargos profissionais e de gestão; no entanto, o movimento está a adquirir impulso e baseia-se numa demografia irreversível. Mas, enquanto nos Estados Unidos as empresas, os sindicatos, o governo e a academia falavam em baixar a idade de reforma obrigatória no momento em que o poder crescente das pessoas mais velhas levou a Califórnia e, depois, o Congresso a promulgarem leis para adiar ou proibir a reforma obrigatória, as grandes empresas no Japão já haviam antecipado a questão. E embora os custos sejam muito altos, as maiores empresas do Japão, por sua própria iniciativa e sem qualquer pressão do governo, dos sindicatos ou da opinião pública, aumentaram a idade de reforma obrigatória. «É aquilo de que o país precisa», foi a explicação.

A abordagem ocidental funcionou enquanto a política nacional podia ser efetivamente formada por processos contenciosos e pelo equilíbrio das reações antagónicas de grandes «blocos» ou «interesses» bem estabelecidos — a tríade tradicional de política económica das empresas, dos sindicatos e dos agricultores. No entanto, com a fragmentação da política em todos os países ocidentais, onde zelotes de causa única detêm agora o sentido de voto e o equilíbrio de poder, a abordagem tradicional já não é claramente adequada. Assim, a regra japonesa segundo a qual os grupos de liderança, em especial os dos «interesses», retiram a sua legitimidade e autoridade da sua responsabilização pelo interesse nacional, e da antecipação, definição e resolução prévias das questões, pode servir melhor numa sociedade pluralista.

O terceiro hábito japonês de comportamento eficaz também teve origem no banqueiro, empresário e filósofo da gestão Eiichi Shibuzawa, nos últimos anos do século XIX: os líderes dos grandes grupos, incluindo das empresas, têm o dever, ensinava Shibuzawa, de compreender as opiniões, os comportamentos, os pressupostos, as expectativas e os valores de todos os outros grandes grupos, e o mesmo dever de fazerem as suas opiniões, comportamentos, pressupostos, expectativas e valores conhecidos e compreendidos. Isto não é «relações-públicas» no sentido ocidental. É, sim, relações muito «privadas» — relações entre indivíduos; relações feitas não por discursos, declarações ou comunicados de imprensa, mas pela interação constante de homens responsáveis em posições de decisão política.

Irving Shapiro, presidente e CEO da DuPont de Nemours, a maior empresa química do mundo, foi recentemente citado na imprensa americana por observar num discurso público que, agora, era obrigado a dedicar quatro quintos do seu tempo a «relações», em especial com decisores políticos no Congresso e na burocracia de Washington, e só podia passar um quinto do seu tempo a gerir a sua empresa. A única coisa que poderia ter surpreendido um CEO japonês de uma empresa de importância comparável seria o quinto que Shapiro tinha vago para gerir a sua empresa; poucos CEO de grandes empresas japonesas têm *algum* tempo disponível para gerir as suas empresas. Todo o tempo deles é passado em «relações». E o tempo que têm para a empresa também é passado em «relações», e não a «gerir». Mantêm o controlo total através da atenção especial às decisões pessoais dos níveis superiores e por meio de relatórios financeiros e de planeamento meticulosos. Mas eles não «gerem» — isso é deixado para os níveis inferiores. Os executivos de topo passam o tempo sentados, a bebericar chá verde, a ouvir, a fazer perguntas, depois sentados, a bebericar chá verde, a ouvir, a fazer mais algumas perguntas. Sentam-se com os fornecedores, com o pessoal das vendas, com as administrações das subsidiárias. Sentam-se com os executivos de topo de outras empresas do seu grupo — como, por exemplo, nos famosos «almoços» de quatro horas em que os presidentes de todas as companhias do grupo Mitsubishi se reuniam uma vez por semana. Sentam-se com o pessoal dos bancos. Sentam-se com os burocratas superiores dos vários ministérios, em meia dúzia de comités em cada uma da meia dúzia de federações económicas e industriais. Sentam-se com o pessoal da sua própria empresa numa festa ao fim do dia num bar de Ginza. Sentam-se, sentam-se e sentam-se.

Nestes momentos sentados, não discutem necessariamente negócios — e certamente não os seus próprios negócios. De facto, para um ocidental, as conversas parecem por vezes bastante inúteis. Variam muito — aparentemente —, desde questões de política económica a preocupações pessoais, questões e problemas de outros colegas, tópicos do dia, expectativas para o futuro e reavaliação de lições do passado. O objetivo não é «resolver» alguma coisa, mas estabelecer um entendimento mútuo. Depois, sabem aonde ir quando há um «problema» — e é claro que há sempre um problema, mais cedo ou mais tarde. Depois, sabem o que a outra pessoa e a sua instituição esperam, o que podem fazer e o que farão, mas também o que não podem fazer e o que não farão. E depois, quando chega uma crise ou uma oportunidade, estes «sentados» agem de repente com uma velocidade e uma determinação impressionantes, e até de modo implacável. Mas também, quando chega uma crise, os outros estão dispostos a apoiar ou, do mesmo modo, se necessário, a oporem-se — porque a finalidade de todas estas relações não é gostarem uns dos outros; não é concordarem uns com os outros; nem é confiarem uns nos outros: é conhecerem-se e compreenderem-se uns aos outros e, acima de tudo, saberem e entenderem onde — e porque — não gostam uns dos outros, não concordam, não confiam.

Por último, a eficácia dos japoneses baseia-se no facto de terem aprendido que viver juntos não pode assentar em relações antagónicas, mas que deve ter uma fundação no interesse comum e na confiança mútua.

No Japão, as relações antagónicas são historicamente mais ferozes, combatidas com mais violência e com menos misericórdia ou compaixão do que no Ocidente. O filme popular *Shogun* não exagera a violência da história japonesa, por muito que possa romantizar outros aspetos. Os lemas «ama o teu inimigo» ou «dá a outra face» não existem nos credos japoneses. No Japão, até a natureza é violenta; é um país de furacões, vulcões e terramotos. De facto, a convenção japonesa dita que as relações sejam antagónicas — ou pelo menos que o pareçam —, enquanto o ocidental não vê necessidade de disputa e recriminação quando, por exemplo, um pintor ou outro artista se afasta do seu mestre e estabelece o seu próprio estilo ou a sua própria escola. Esta tradição estende-se hoje ao divórcio, que alcançou proporções epidémicas no Japão e que se aproxima da taxa da Califórnia, em especial entre os casais jovens e escolarizados. Um divórcio «amigável» não é considerado apropriado; tem de parecer «antagónico», mesmo que o casal se separe por consentimento mútuo e em termos razoavelmente bons.

Mas estas são situações em que a relação é dissolvida de uma vez por todas. Quando as pessoas ou as partes vivem juntas, e sobretudo quando têm de trabalhar juntas, os japoneses certificam-se de que a relação se baseia no interesse mútuo e na preocupação comum. Depois, pode haver conflito, desacordo e até combate; é então que o conflito, o desacordo e o combate ainda podem ser confinados e subsumidos numa ligação positiva.

Uma das principais razões — embora raramente exprimida — por que as empresas automóveis japonesas têm relutância em construir fábricas nos Estados Unidos é a sua perplexidade em face das relações entre as administrações e os sindicatos na indústria automóvel americana. Não as compreendem. «Os nossos sindicatos», disse um jovem engenheiro da Toyota, «esquerdista» e «socialista» confesso e com fortes tendências a favor do sindicalismo, «combatem a administração. Mas os vossos combatem a empresa. Como é que eles *não* sabem que, para que alguma coisa seja boa para os empregados da empresa, tem de ser boa para a empresa? Onde isto não é um dado adquirido — e onde é totalmente óbvio para todos nós —, nenhum japonês pode ser um administrador, mas também nenhum japonês pode ser um empregado e subordinado».

As pessoas não têm de viver e trabalhar com um concorrente; por isso, a concorrência tende a ser implacável entre empresas diferentes da mesma área e entre grupos diferentes, por exemplo, entre a Sony e a Panasonic, ou entre o Banco Mitsui e o Banco Fuji. No entanto, sempre que tem de haver uma relação constante com o oponente, é preciso encontrar uma base comum. Desta forma, a questão que se levanta sempre em primeiro lugar, a questão a que se dedicam todas as reuniões intermináveis entre os líderes de diferentes grupos, é a seguinte: «Que interesses partilhamos?» Ou: «Em que assuntos concordamos?» Ou: «Que podemos fazer juntos que nos possa ajudar a alcançarmos os nossos objetivos respetivos?» Em seguida, tomam muito cuidado para evitar a destruição ou a degradação da unidade e dos propósitos comuns.

Também tomam muito cuidado para evitar que haja uma «vitória final» sobre algum grupo ou interesse com o qual têm de viver e trabalhar — porque vencer a guerra significa perder a paz. Assim, no Japão, sempre que grupos ou interesses têm de conviver, todos têm mais interesse em tornar o seu conflito mutuamente produtivo do que em vencer — ainda que as mesmas pessoas do mesmo grupo avancem para a vitória total ou para a rendição incondicional contra um oponente com quem o seu grupo não tem de viver e que, por isso, pode (e deve) ser destruído.

Isto são regras e, como todas as regras deste género, são mais ideais e normativas do que descrições daquilo que todos fazem durante todo o tempo. Qualquer japonês pode apontar dezenas de casos em que as regras foram quebradas ou ignoradas, e com impunidade. As regras também não são necessariamente aceites por todos como corretas. Alguns dos empresários mais bem-sucedidos do Japão — a Honda, por exemplo, ou Matsushita na Panasonic, ou a Sony — mostraram pouco respeito por algumas destas regras. Estes líderes de sucesso, por exemplo, não dedicam muito tempo às relações externas, e não se importam se são ou não aceites no «clube». Não concordam necessariamente que seja responsabilidade do líder colocar o interesse nacional acima das suas ideias e políticas; e, por vezes, podem até estar dispostos a infligir derrotas esmagadoras aos oponentes com quem ainda têm de viver e trabalhar.

Também há muitas críticas no Japão — em especial nas empresas — de algumas das regras, e dúvidas profundas sobre se ainda se adequam às necessidades do país. Poderá a administração, por exemplo, dedicar praticamente todo o seu tempo a relações externas, ou será que perderá o contacto com a realidade da sua empresa numa altura de mudança rápida nas economias, nos mercados e nas tecnologias? E há muitas queixas sobre o facto de a preocupação em encontrar bases comuns com outros grupos — em especial as empresas que procuram bases comuns com o governo — ter levado a um apaziguamento medroso e encorajado a arrogância burocrática.

Por outras palavras, as regras são semelhantes a todas as outras regras naquilo que têm em termos de debilidades, limitações e lacunas — e no facto de não se aplicarem universalmente e sem exceções. Mas não há dúvida de que têm pontos fortes singulares e que têm sido excecionalmente eficazes. Qual é então a sua essência, qual é o «segredo» do seu sucesso?

A resposta mais comum, tanto no Japão como no Ocidente, é que estas regras representam tradições e valores singularmente japoneses. Mas não é certamente a resposta completa e, de facto, é bastante incorreta. É claro que as regras do comportamento social e político fazem parte de uma cultura e têm de se ajustar a esta cultura, ou pelo menos serem para ela aceitáveis. E o modo *como* os japoneses lidam com as suas políticas, as suas regras e as suas relações é, de facto, muito japonês. No entanto, as próprias regras representam mais *uma* do que *a* tradição japonesa. Representam uma escolha entre alternativas muito diferentes, mas igualmente tradicionais, e não uma continuidade histórica. Além disso, algumas das regras não têm raízes em nenhuma tradição japonesa. A harmonia industrial do Japão é normalmente atribuída à história e aos valores tradicionais. No entanto, a única tradição histórica de relações entre o superior e o subordinado na história japonesa é a violência e a guerra aberta. Ainda nos anos 1920, ou seja, durante a fase formativa da indústria japonesa moderna, o Japão teve as relações mais disruptivas e violentas de qualquer país industrial. E, durante os 150 anos antes do nascimento do Japão moderno, na Restauração Meiji de 1867, as relações entre «patrões» e «trabalhadores» — entre os senhores e os seus braços militares, os samurais, que eram os «patrões», e os camponeses, que eram os «trabalhadores» — representavam pelo menos uma revolta camponesa sangrenta por ano, mais de duzentas durante esse período, também reprimidas de forma sangrenta. O «governo por assassinato», em vez da construção de relações ou da procura de bases comuns, ainda era a regra das relações entre diferentes grupos nos anos 1930. E não é uma coincidência total que a violência estudantil e o terrorismo tenham começado no Japão nos anos 1960, ano a partir do qual assumiram a sua forma mais extrema; isto é tanto ou mais «tradição japonesa» como a tentativa de encontrar bases comuns entre oponentes.

Além disso, não houve uma mera evolução destas regras. Sofreram forte oposição quando foram propostas e foram consideradas irrealistas durante muito tempo. A maior figura da história empresarial japonesa não é Eiichi Shibuzawa, que formulou as regras mais importantes de comportamento para a sociedade japonesa atual. É Yataro Iwasaki (1834–85), fundador e construtor da Mitsubishi, que foi para o Japão do século XIX aquilo que J. P. Morgan, Andrew Carnegie e John D. Rockefeller foram para os Estados Unidos. E Iwasaki rejeitava totalmente Shibuzawa e as suas regras — a exigência de que os líderes empresariais assumissem a responsabilidade e a iniciativa a respeito do interesse nacional, a exigência de construírem e alimentarem as suas relações ou, em particular, a ideia de encontrar bases comuns com os oponentes e de integrar o conflito numa ligação de interesse comum e de unidade. Shibuzawa era altamente respeitado. Mas os seus ensinamentos tiveram pouca influência entre os «homens práticos», que estavam muito mais impressionados com o sucesso empresarial de Iwasaki.

Sejam quais forem as suas raízes nas tradições japonesas, estas regras e estes comportamentos só foram aceites após a Segunda Guerra Mundial. Depois, quando um Japão derrotado, humilhado e quase destruído começou a sua reconstrução dolorosa, levantou-se a questão: «Quais são as regras corretas para uma sociedade moderna e complexa, uma sociedade integrada numa economia mundial competitiva e dependente desta»? Só então é que as respostas que Shibuzawa dera há 60 anos começaram a ser vistas como certas e relevantes.

O porquê e o como isto aconteceu está além do âmbito deste ensaio, e o autor não está qualificado para responder à questão. Não houve nenhum líder único, nenhuma grande figura, que colocou o Japão num novo caminho. De facto, os historiadores terão tanta dificuldade para explicar o que aconteceu nos anos 1950 no Japão quanto a que tiveram para explicar o que aconteceu no período Meiji, 80 anos antes, quando um Japão igualmente humilhado e em choque se organizou para se tornar uma nação moderna, mas profundamente japonesa na sua cultura. Poderíamos especular que o choque da derrota total e a humilhação da ocupação por tropas estrangeiras — nunca nenhum soldado estrangeiro estivera em solo japonês — criaram uma vontade de experimentar coisas que nunca haviam sido experimentadas, ainda que forças poderosas na história do Japão as tivessem proposto e defendido. A respeito das relações industriais, por exemplo, sabemos que não houve um líder único. No entanto, a forte necessidade dos trabalhadores japoneses, muitos deles sem-abrigo, muitos deles sem qualquer trabalho, encontrarem uma «casa» e uma «comunidade» foi, por certo, um fator importante, tal como a forte pressão dos trabalhadores sobre as administrações para os protegerem das pressões da ocupação americana e dos seus peritos laborais «liberais» para se juntarem a sindicatos de esquerda e se tornarem uma força «revolucionária». O conservadorismo do trabalhador japonês de finais dos anos 1940 e inícios dos anos 1950, bem como a sua necessidade de ter alguma segurança quando os seus laços emocionais, económicos e, em muitos casos, familiares haviam sido cortados, desempenhou certamente um papel muito importante na via que o Japão acabou por seguir. Mas ainda ninguém sabe porque é que as administrações japonesas conseguiram responder a estas necessidades e de um modo eficaz.

De facto, as «regras» japonesas também poderiam ser explicadas com ensinamentos e tradições puramente «ocidentais». A ideia de que a liderança empresarial, em especial nas grandes empresas, deve assumir a responsabilidade ativa e a iniciativa pelo interesse nacional e que deve começar com o que é bom para a nação e não para o que é bom para a empresa foi defendida, por exemplo, no Ocidente, por volta de 1900, por líderes totalmente não-japoneses como Walter Rathenau na Alemanha e Mark Hanna nos Estados Unidos. A ideia de que um inimigo que não pode ser destruído deve ser tornado um amigo e nunca deve ser «derrotado» e humilhado foi ensinada pela primeira vez por volta de 1530 pelo primeiro pensador político moderno, Nicolau Maquiavel. E a integração do conflito num núcleo de unidade também é uma ideia de Maquiavel — o Maquiavel dos *Discursos*, e não o de *O Príncipe*. Quatro séculos depois, nos anos 1920, Mary Parker Follet, a mais ilustre das bostonianas, concluiu também que os conflitos têm de se tornar construtivos ao serem integrados num núcleo de propósito e visão comuns. Todos estes ocidentais — Rathenau, Hanna, Maquiavel e Follet — fizeram as mesmas perguntas: Como é que uma sociedade moderna e complexa, uma sociedade pluralista de interdependência, uma sociedade em rápida mudança, pode ser eficazmente governada? Como pode tornar produtivas as suas tensões e os seus conflitos? Como pode retirar unidade de ação da diversidade dos interesses, dos valores e das instituições? E de que forma — tal como Maquiavel perguntava — poderá retirar força e coesão do cerco e da dependência de uma multidão de poderes concorrentes?

E porque é que o Ocidente, e especialmente os Estados Unidos, rejeitou esta tradição enquanto o Japão a aceitou? Mais uma vez, o âmbito desta questão excede muito este ensaio e os conhecimentos do autor. Mas podemos especular que a Grande Depressão e o seu trauma tiveram alguma coisa que ver com isso, porque, antes, havia realmente líderes que subscreviam aqueles valores. Herbert Hoover, nos Estados Unidos, e Heinrich Bruening, o último chanceler da República de Weimar, representavam uma tradição que via no interesse comum de todos os grupos o catalisador da unidade nacional e social. Foi a derrota deles pela Grande Depressão — por exemplo, com o *New Deal* de Franklin D. Roosevelt — que introduziu, numa crença no «contrapoder», as relações antagónicas, que conduziam a uma solução de compromisso aceitável para todos porque não ofendiam demasiado ninguém do grupo e, portanto, unia--os sob o mínimo denominador comum. E não há dúvida de que a vitória da economia no Ocidente, em especial nos Estados Unidos, com a sua apoteose do governo nacional como omnipotente, omnisciente e capaz de controlar a economia nacional quase sem ter em conta o que acontece no exterior, teve algo que ver com o facto de termos esquecido o velho adágio da política americana de que «a política (e as disputas económicas) termina à beira d'água». Mas isto é especulação.

O facto é que o «segredo» por detrás do sucesso do Japão não é uma misteriosa Japão Inc., que pertence ao guião de um filme de série B. Talvez nem sejam os valores particulares de comportamento que o Japão pratica. Pode ser que o Japão, até agora o único entre os grandes países industriais, tenha feito as perguntas certas: Quais são as regras para uma sociedade moderna e complexa, uma sociedade de pluralismo e de grandes organizações que têm de coexistir na competição e no antagonismo, uma sociedade que está integrada num mundo competitivo e em rápida mudança e do qual está cada vez mais dependente?

CAPÍTULO DOZE

# Uma visão do Japão através da arte japonesa[17]

O JAPÃO, COMO TODA A GENTE SABE, é um país de regras rígidas e de subordinação individual a uma vontade coletiva. É o país onde o jovem estudante universitário passeia pelas montanhas, mas oferece as botas e a mochila ao irmão mais novo quando este acaba o liceu. É o país onde o estudante é radical na universidade, mas que se torna um conservador leal depois de ser contratado pelo Banco Mitsubishi ou pelo Ministério das Finanças. É o país onde uma jovem usa um tipo de quimono até ao dia de casamento e, depois, usa o quimono de mulher casada durante o resto da vida.

O Japão é um país onde os que terminam a escolaridade no ensino preparatório se tornam trabalhadores manuais, os que terminam o ensino secundário se tornam funcionários, e os licenciados se tornam gestores e profissionais — todos distribuídos para o resto da vida pelo diploma de escolaridade. É um país onde há um compromisso para a vida para com um empregador. O Japão também é, como toda a gente sabe, o país das obrigações mútuas, onde o discurso é regulado ao minuto pela relação e pelo estatuto social. É o país da Japão Inc., onde os interesses antagónicos se juntam para a glória da economia comum. O livro mais conhecido — e o melhor — sobre a organização social e as instituições do Japão, *Japanese Society*, de Chie Nakane, descreve a *ie*, a comunidade do clã ou da tribo, como a realidade organizativa no seio da qual o indivíduo existe mais como membro do que como pessoa. Sempre que académicos japoneses e ocidentais (sobretudo americanos) se encontram, sobre qualquer disciplina ou sobre qualquer assunto, os japoneses contrastam logo a cooperação japonesa com a competição excessiva e a diversidade exacerbada do Ocidente.

No entanto, a característica mais marcante de toda a arte japonesa é a sua individualidade. Em todos os grandes períodos da atividade artística no Ocidente, houve um estilo universal: falamos do período Helenístico, do Românico, do Gótico, do Renascentista e do Barroco. No entanto, todos

[17] Publicado originalmente como o ensaio final de *Song of the Brush, Japanese Paintings from the Sanso Collection*, org. John M. Rosenfield e Henry Trubner (Seattle, Washington: Seattle Art Museum, 1979).

os grandes períodos de atividade artística no Japão foram caracterizados pela diversidade. De facto, nas artes, em especial na pintura, o contraste é claro entre a conformidade ocidental e a «diversidade excessiva» do Japão. Durante o período Edo (1603–1867), a tendência japonesa para a diversidade alcançou o seu apogeu. Só na pintura, floresceram mais de uma dúzia de grandes escolas, bem como inúmeras escolas subsidiárias. Nas outras culturas, não há nada de comparável com a diversidade exuberante da última grande era artística do Japão pré-moderno.

Os académicos e peritos japoneses que criticam a competição excessiva americana e que a contrastam, para sua desvantagem, com a cooperação japonesa, pensam na competição entre as empresas no mercado ou na competição pela promoção no grupo de gestão de uma empresa. Parece que nunca pensam no sistema escolar japonês. No entanto, qualquer americano fica horrorizado quando lhe dizem que um aluno japonês, com dez anos, aplaudirá com alegria ao saber que o seu melhor amigo está doente e que terá de faltar uma ou duas semanas à escola. O amigo ficará assim para trás na competição para o exame que determinará os poucos que irão para o liceu mais prestigiado.

E quanto à Japão Inc., não há rivalidade e competição comercial no Ocidente que se compare à ferocidade implacável com que os grandes grupos industriais japoneses, os *zaibatsu*, se combatem. Se a Mitsubishi entra numa nova área, seja a das fibras sintéticas, da eletrónica ou da construção naval, a Mitsui e a Sumitomo também têm de entrar — e não importa a sobrecapacidade que já exista nesse sector em todo o mundo. E os partidos políticos japoneses não são monólitos disciplinados; não são uma *ie*. São conjuntos dispersos de fações em competição feroz.

Os japoneses são provavelmente os melhores pintores de animais do mundo. No Ocidente, os poucos pintores de animais são especialistas, como Rosa Bonheur ou George Stubbs, por exemplo. No Japão, quase todos os pintores pintaram animais. Os japoneses foram buscar aos chineses algumas tradições da pintura de animais: a pintura *kachōga* (flor e ave), por exemplo. Mas na pintura japonesa, a maioria dos animais, em especial as aves, representam valores, tradições e perceções puramente nativos do Japão.

Nada exprime tão bem uma característica dos japoneses como estas pinturas de aves: a capacidade de pura satisfação. É o mesmo sentimento que se tem num piquenique japonês ou numa simples dança folclórica num local deserto numa noite de verão. É a capacidade de pura satisfação que leva pomposos presidentes de companhias e académicos sérios a entrarem nas brincadeiras mais pueris numa festa, sem qualquer embaraço ou reticência. É a capacidade de pura satisfação que pode ser vista nos jardins ao domingo, onde os jovens pais japoneses brincam com os filhos. É uma qualidade de imediatismo que está presente nas peças de arte ou nos romances japoneses mais sofisticados, e que é a essência do *haiku*. A pintura tradicional japonesa de um animal ou de uma ave parece sempre ridiculamente simples, apenas algumas pinceladas. No entanto, é feita com um controlo total do pincel, da tinta e da composição. Também exprime a projeção intuitiva e imediata do eu do artista no espírito das aves ou da rã. Estas pinturas japonesas são um hino à diversidade e à espontaneidade, à imagem do primeiro dos poetas ingleses modernos, o vitoriano Gerald Manley Hopkins, que escreveu: «Glória a Deus pelas coisas sarapintadas.»

No entanto, a cooperação, as obrigações mútuas, o compromisso de uma vida para com um empregador, a *ie* e até a Japão Inc. não são mitos. No Japão, é central a polaridade constante entre a comunidade restrita e envolvente — que dá apoio, mas exige a subordinação às suas regras — e o individualismo competitivo que exige espontaneidade.

Os artistas japoneses do século XVIII eram profundamente individualistas, mas a maioria considerava-se como pertencente a uma escola — Nanga, Rimpa ou Shijō, por exemplo. Os poucos que não o faziam — Shōnaku, Rosetsu, Jakuchū — eram chamados «excêntricos» no Japão. E se um artista começa numa escola e, depois, desenvolve o seu próprio estilo, o costume japonês exige que haja uma separação violenta, como os confrontos de uma peça Kabuki. Nagasawa Rosetsu (1755–99), por exemplo, terá rompido violentamente com Maruyama Okyo (1733–95), de quem fora discípulo, ainda que a história mostre claramente que os dois continuaram a trabalhar juntos e que Okyo confiou a Rosetsu algumas encomendas importantes e confidenciais. De forma similar, um século antes, Kusumi Morikage (falecido antes de 1700) terá sido excomungado e exilado do ateliê de Kanō Tanyū (1602–74) quando desenvolveu o seu próprio estilo, embora a história mostre que continuou a existir uma relação próxima e familiar entre os dois artistas.

Ainda hoje, num Japão moderno e ocidentalizado, não é considerado apropriado que um jovem esteja sozinho e não pertença a uma organização, a uma *ie*. Na primeira vez que percorri o Japão para dar palestras, há mais de 20 anos, o meu intérprete era um jovem japonês que estudara nos Estados Unidos e que, depois, estabelecera a sua própria firma de consultadoria de *marketing* em Tóquio. Descobri depois que ele não era bem-vindo em casa do seu sogro. Quando conheci o sogro, que era reitor da universidade onde dei uma palestra, perguntei-lhe o que tinha contra o seu genro. «Ele tem apenas 30 anos», respondeu, «e trabalha sozinho; isso é muito pouco apropriado. Não tem uma organização para o apoiar, nenhum chefe para o ajudar quando estiver com problemas. Pior, ele é bem-sucedido e isso cria um precedente perigoso.» O ponto importante da história é que o sogro era conhecido em todo o Japão como o Reitor Vermelho, que todas as noites de domingo fazia discursos violentos na rádio nacional contra os resquícios do feudalismo na vida familiar japonesa e contra os males do homem da organização.

A história ou as histórias da arte podem fornecer uma resposta para o paradoxo e uma chave para entender a relação entre a comunidade rígida da *ie* e a espontaneidade e o individualismo que caracterizam tanto a arte como a vida e a sociedade japonesas. Sakai Hōitsu (1761–1828), o último dos grandes mestres

Rimpa, começou a estudar com um pintor Kanō por volta de 1790. Depois, tornou-se pupilo de Kushiro Unsen (1759–1811), um distinto artista Kano. Em seguida, pediu conselhos sobre a sua carreira a Tani Bunchō (1764–1840), o reconhecido mestre Nanga da cidade de Edo, a capital política do Japão. Bunchō não disse ao jovem Hōitsu para ficar na escola Nanga, mas aconselhou-o a estudar as obras de Ogata Kōrin (1663–1743) e a tornar-se um pintor Rimpa. Um grande mestre do Ocidente teria dito a esse jovem altamente dotado: «Encontra o estilo que te servir». De facto, Bunchō disse: «Encontra a escola que te servir.»

A tensão entre a pressão para pertencer e se conformar e a ênfase na espontaneidade, na independência e na individualidade é apenas uma das polaridades que caracterizam a arte e a cultura do Japão. A Coleção Sansō contém três obras de três famosos mestres do século XVII: *Duas Alvéolas*, atribuída a Kanō Sanraku (1559–1635); *Criança a Segurar um Ramo de Flores*, atribuída a Tarawaya Sōtatsu (inícios do século XVII), e um leque circular, *Folhas de Hera Outonais com Bambu*, de Ogata Kōrin. Cada uma destas obras representa o talento japonês para a simplicidade, refinada até à austeridade. No entanto, as pinturas mais conhecidas de Sanraku, como os seus painéis de aves, árvores e flores, são ornamentadas e sumptuosas, com ouro e prata, e cores ostentativas. Sōtatsu fundou a escola decorativa Rimpa, com o seu forte lirismo e a sua elegância colorida, e Kōrin aperfeiçoou-a com os seus desenhos ricos. Assim, as três pinturas da Coleção Sansō podem ser consideradas atípicas dos seus pintores — mas são também completamente típicas deles.

De forma semelhante, na exposição, há uma paisagem do pintor de inícios do século XVI, Kantei, que simplifica e torna mais austero o estilo já simplificado e austero do pintor paisagista japonês do século XV. Mas também há um par de pinturas com flor e ave do mesmo mestre que são ornamentadas, decorativas e quase sumptuosas. Quase duzentos anos depois, em inícios do século XIX, Watanabe Kazan, o mais austero dos neoconfucianos, pintou um quadro exuberante, sensual e colorido de *Flores de Lótus e Peixes a Nadar*.

Para um ocidental, estas pinturas parecem contradições; para um japonês, são polaridades. Um ocidental pode achar que um artista deve sentir-se atraído para a austeridade e o espaço vazio de uma paisagem do século XV ou para o desenho colorido e decorativo de uma pintura flor e ave de Kantei, ou para um painel de aves de Sanraku, mas não para ambos. Para os japoneses, porém, são tensões necessárias, polos de expressão da mesma pessoa.

Qualquer visitante de Quioto vê exemplos destas tensões a poucos quilómetros uns dos outros: o castelo Nijō — ornamentado, sensual e pretensioso, a residência oficial de Quioto do ditador militar, o xogum Tokugawa; e a casa Katsura — simples até à austeridade, delicada, sem ornamentos e totalmente disciplinada, a casa de verão de um príncipe imperial. Ambas as residências foram construídas na mesma geração e pela mesma classe dirigente. E depois temos Nikkō, a norte de Tóquio, o grande mausoléu do século XVII do primeiro xogum Tokugawa, Ieyasu — o xogum do filme homónimo —, com a sua ornamentação extrema, quase exagerada, mesmo para gostos barrocos. Mas o mesmo xogum, no seu castelo, vivia numa austeridade estrita. Para os japoneses, as duas coisas são inseparáveis. A tensão não é de opostos, mas de polos; e quando há um polo norte, tem de haver um polo sul.

Esta tensão, esta polaridade, estende-se a toda a cultura japonesa. Encontra-se na tensão entre a supremacia masculina confuciana oficial, que dita que, em público, a mulher seja invisível e subserviente, e a realidade da vida familiar, onde a mulher detém o poder e os cordões da bolsa, e onde um primeiro-ministro recente podia dizer no parlamento: «Ainda não tenho posição sobre esta medida; a minha sogra tem estado doente e não recebi orientações dela.» Ao que o porta-voz da oposição assentiu, respondendo: «Por favor, transmita os meus desejos de rápidas melhoras à sua respeitada sogra.»

Encontramos uma polaridade semelhante na educação das crianças. Até chegarem à idade escolar, as crianças são mimadas de uma forma que ultrapassa a indulgência americana. Depois, vão para a escola e, no primeiro dia, há disciplina e espera-se que as crianças se comportem bem — e comportam-se. Há uma tensão notável entre a genialidade da língua japonesa, em que tudo se concentra na relação humana, e a natureza dos ideógrafos chineses, que são compostos de representações de objetos. Os japoneses inventaram muito cedo silabários, com os quais os sons do japonês podem ser facilmente escritos. Todos os japoneses aprendem os dois silabários no ensino básico. Mas, depois, os silabários são usados sobretudo como auxiliares para os ideógrafos chineses. Para os japoneses, a tensão entre a língua japonesa e o ideógrafo chinês é essencial, apesar de sobrecarregar a aprendizagem e a literacia.

Existem regras estritas sobre o comportamento adequado que dizem ao japonês como se deve dirigir quando fala com a sua tia, com o patrão do seu tio e com a amante do seu primo. Mas também há o encorajamento do excêntrico, que tem uma margem de manobra quase infinita. Sengai, o último e talvez o maior dos «Expressionsitas Zenga» — morreu em 1838, com quase 90 anos —, por exemplo, foi o mais respeitado sacerdote de um templo antigo e muito sagrado; mas, aos 85 anos, também era um espírito livre que viajava pelo país, muitas vezes em más companhias, e gostava de pintar rãs satíricas que se assemelhavam a Buda, cavaleiros de circo e vendedores de balões em feiras.

Esta polaridade pode ser hoje vista na indústria japonesa e nas suas relações humanas. Para um ocidental, uma organização pode ser autocrática ou democrática, mas a organização japonesa é ambas. Não há exemplo mais perfeito da personalidade autocrática do que o diretor de uma grande organização japonesa, seja uma agência do governo ou uma empresa. No entanto, as decisões são tomadas por consenso e participação, e começam na base e não no topo. Em qualquer organização japonesa, desde os tempos antigos até ao presente, a palavra do chefe é lei absoluta; o chefe podia ordenar a um funcionário que cometesse suicídio ou que se divorciasse da sua mulher. No entanto, nenhum chefe podia dar um passo sem o consentimento dos seus funcionários e, de facto, sem a participação ativa dos anciãos do clã na tomada de decisões. De forma similar, hoje, o diretor de uma empresa ou de uma agência do governo é obedecido sem discussão nem reservas — no entanto, qualquer decisão vem de baixo e é uma expressão da vontade geral. Qualquer organização japonesa é, em termos ocidentais, um extremo de autocracia e um extremo de participação democrática.

A tensão não é dialética; não se resolve numa síntese superior, e um princípio não supera o outro. Não é o dualismo chinês do *yin* e *yang*. Os japoneses não misturam os seus princípios, tal como não se mistura o polo norte e o polo sul. Para os japoneses, a tensão não é contradição, contraste ou conflito — as tensões da mente analítica. É polaridade — a tensão da perceção, da configuração, da existência. Para compreendermos a arte e a vida japonesas, temos de aceitar a polaridade entre o ornamentado e o austero; entre a supremacia masculina e o poder feminino; entre as crianças mimadas e malcomportadas e os alunos disciplinados; entre a língua japonesa com os seus verbos declinados e o seu guia silabário e as complexidades do ideógrafo chinês. Estas polaridades são essenciais para o Japão e, tanto quanto sei, apenas para o Japão.

Foi esta tensão, esta polaridade, que fez do Japão, ao longo da sua história, um país de contrastes, de mudanças profundas e repentinas: do acolhimento aberto das culturas e do comércio estrangeiro para o isolamento autoimposto, por exemplo, no século XVII. Mas é também esta polaridade que confere dinâmica e criatividade à arte, à literatura e à indústria do Japão.

Um ocidental que tenha atividades no Japão — o professor que vai dar palestras ou o empresário que vai negociar um contrato — depressa se torna familiarizado com a frase *Wareware Nihon-jin*, que significa «Nós, Japoneses». Mas sempre que é usada (e é usada em todas as ocasiões), significa: «Nós, Japoneses, somos tão diferentes que nunca nos compreenderá.» Para compreendermos o que um amigo ou um sócio japonês, ou o aluno da audiência que se levanta e faz uma pergunta, querem dizer quando começam por dizer *Wareware Nihon-jin*, temos de olhar para as pinturas paisagísticas japonesas. Mas aonde é que estão as pessoas — os *Nihon-jin* — nas paisagens? É que *Nihon-jin* não significa apenas Japoneses. Significa: «Nós, que pertencemos à terra do Japão.» A pintura paisagística é a alma da arte japonesa, porque a paisagem japonesa formou a alma do Japão.

Algumas das características destas pinturas paisagísticas japonesas vieram dos chineses — a estranha formação rochosa de calcário corroído chinês que pode ser vista em muitas pinturas paisagísticas japonesas é um exemplo. No entanto, a maioria das características destas paisagens pode ser vista no Japão; de facto, um amigo meu japonês diz conhecer o vale, algures perto de Gifu, que Gyokudō, o grande pintor paisagista do século XIX, pintou muitas vezes nas suas pequenas paisagens líricas. A paisagem japonesa assemelha-se à paisagem dos pintores japoneses, como o sabe qualquer pessoa que tenha viajado pelo campo japonês. No entanto, a paisagem japonesa não se parece em nada com a paisagem do pintor paisagista japonês, nem com nenhuma paisagem da Terra. A paisagem do pintor japonês é uma paisagem espiritual, uma paisagem da alma.

O sentimento japonês por esta paisagem faz parte do «Shinto». É provável que nunca nenhum ocidental tenha entendido completamente o que significa Shinto. Não significa certamente uma religião no sentido ocidental; só se tornou uma religião depois de 1867, quando a Restauração Meiji criou uma monstruosidade conhecida como o xintoísmo do Estado porque achou que tinha de imitar a forma como as religiões eram estabelecidas no Ocidente. Muito mais antigos e omnipresentes são os numerosos santuários e rituais, mas existe, acima de tudo, um sentimento Shinto — o sentimento da singularidade do Japão como um ambiente. Não escrevi ambiente humano; é muito mais do que isso. É tanto um ambiente para o sobrenatural, para as forças que controlam o universo, como um ambiente para o homem e os animais, as plantas e as pedras. É singular e completo. E é diferente, que é o sentido do *Wareware Nihon-jin*. Subjacente à frase está o sentimento de que o Japão é único; de que o Japão está sozinho. O que isto significa está expresso nas pinturas de paisagens. Os seus montes e as suas árvores são a superfície visível, a pele, de uma paisagem espiritual que é invisível e única. Taiwan tem montes semelhantes, tal como a Coreia. Mas, para um japonês, não há paisagem que signifique o mesmo. Uma pintura da paisagem japonesa pode ser uma imagem realista que serve de documento legal para determinar as linhas limítrofes de um santuário Shinto, como acontecia com as primeiras pinturas de paisagens japonesas; mas também representa um espaço interior, uma paisagem da alma que é o centro de gravidade da existência japonesa. Esta paisagem é, por assim dizer, *an sich*.

Não estou a dizer que os japoneses sejam, de facto, únicos; estou a dizer que os japoneses sentem que o são. Não é que se sintam superiores; o nacionalismo foi um mal japonês em momentos raros e breves de aberração. Sentem-se diferentes porque só se sentem em casa nesta paisagem da sua alma. Isto pode explicar porque é que, de todos os estudantes estrangeiros nos Estados Unidos e na Europa, os japoneses são os únicos que, com poucas exceções, estão sempre com vontade de voltar para casa.

Falarei agora daquilo a que eu chamaria a «estética» japonesa, ou a «abordagem topológica», ou «o que incomoda tanto os chineses quando olham para uma pintura japonesa?».

Quase todas as paisagens japonesas podem ser usadas para demonstrar a estética japonesa. As pinturas do século XV seguiam deliberadamente a s chinesas; e o mesmo fizeram os pintores Nanga do século XVIII. No entanto, se pusermos um *connoisseur* ou um historiador da arte chinês em frente destas obras, ele sentir-se-á desconfortável. «Sim, estes montes parecem assim na China. E sim, este rochedo parece de uma pintura da China. E as pinceladas são desta ou daquela escola. E a técnica do pincel, obviamente, segue outro exemplo chinês. Mas, no entanto...» O que ele está a dizer, se for sincero, é: «No entanto, estas não são claramente pinturas chinesas. Fazem-me sentir muito desconfortável e não compreendo porquê. Mas não quero estar perto delas.»

Basta colocarmos estas obras ao lado de pinturas chinesas para compreendermos os seus sentimentos. Não estou a dizer que não se pode confundir uma pintura chinesa com uma japonesa e vice-versa. A técnica é a mesma, as pinceladas são as mesmas, as cores das tintas são as mesmas — mas a pintura é diferente. O que a torna diferente é o sentido japonês de beleza. As pinturas japonesas são dominadas pelo espaço vazio. Não é que a tela esteja vazia. O espaço vazio é que organiza a pintura. Isto é o oposto do que a maioria dos chineses faz, mas é básico para a estética japonesa. Podemos ver a mesma estética nas pinturas japonesas de todas as escolas, tanto nas obras dos pintores que seguiam os chineses como nas obras dos que as rejeitavam.

Se eu quisesse definir esta estética em contraste com a da pintura ocidental e chinesa, diria que a pintura ocidental é basicamente geométrica. Não é por acaso que a pintura ocidental moderna começa com a redescoberta da perspetiva linear, por volta de 1425, ou seja, com a subordinação do espaço à geometria. A pintura chinesa, por outro lado, é algébrica. Na pintura chinesa, é a proporção que domina, como na ética chinesa. A pintura japonesa, pelo contrário, é topológica — o ramo da matemática criado em 1700 e que lida com as propriedades da superfície e do espaço, no qual as formas e as linhas são definidas pelo espaço, de maneira que não há diferença entre uma linha reta e uma curva, como uma hipérbole. A topologia lida com o que o espaço impõe, e não com o que é imposto ao espaço. O pintor japonês é topológico na sua estética. Vê o espaço, e depois as linhas. Não começa com as linhas.

Durante quase um século, os críticos e os historiadores da arte ocidentais diziam que os pintores não veem objetos, mas configurações. Mas a *Gestalt* que o pintor japonês vê é aquilo a que hoje chamamos mais *design* do que uma estrutura. É o que o topólogo quer exprimir quando diz que, em termos topológicos, é o espaço que determina a linha e não a linha que determina o espaço. Nas discussões sobre a pintura japonesa, é habitual vermos a referência à tendência japonesa para se tornar «decorativa». Os pintores Nanga do século XVIII detestavam o decorativo, considerando-o totalmente incompatível com os valores e a estética dos seus modelos literatos chineses; no entanto, todas as autoridades nos dizem que eles se tornavam sempre decorativos. Como muitos termos da crítica da arte, «decorativo» é enganador; o termo correto poderia ser «*design*». E esta tendência irrepreensível para o *design* — a tendência que explica porque é que a cerâmica, o esmalte e a pintura na arte japonesa tendem a estar tão associados, enquanto os chineses os mantêm estritamente separados em termos artísticos e sociais — baseia-se na visão japonesa, que não é perspetiva (ou seja, geométrica) nem proporcional (ou seja, algébrica), mas sim topológica no *design*.

Tanto os pintores de tinta preta do século XV como os pintores Nanga do século XVIII viam os chineses como modelos e mestres. Ambos aprenderam as técnicas com os chineses, mas também os motivos, o estilo e a forma. Mas todos transformaram a álgebra chinesa na topologia japonesa. Esta capacidade de receber uma cultura estrangeira e de a «niponizar» é uma característica constante da história e da experiência do Japão.

Por volta de 500 d. C., o budismo e, com este, a civilização altamente avançada e refinada da China espalharam-se pelo Japão. No início, o impacto pareceu inundar totalmente o Japão. Tudo era trazido da China ou da Coreia, incluindo monges, arquitetos, artistas, artesãos, escribas, poesia, obras de arte e têxteis. Apenas dois séculos depois, no período Nara, o Japão já produzia escultura religiosa completamente budista, mas profundamente japonesa, embora as técnicas ainda fossem as dos escultores chineses e coreanos. Mas o Japão também alterou as estruturas governamentais e sociais vindas da China. Fez o budismo e o confucionismo servirem uma sociedade tribal e, depois, guerreira. Fez os conceitos chineses de posse da terra, baseada na propriedade familiar do solo, servir um sistema no qual não existia propriedade da terra, à exceção dos templos e do trono. Havia apenas direitos proporcionais ao produto da terra, ou seja, direitos proporcionais aos impostos e ao tributo, e não direitos de propriedade da terra. O mesmo aconteceu na cerâmica, na poesia e na arquitetura.

Isto está hoje a voltar a acontecer; só que, agora, a cultura estrangeira niponizada é a do Ocidente e não a da China. As formas, as técnicas e os conceitos são usados de maneira muito hábil. Tal como fizeram os pintores dos séculos XV e XVIII, os japoneses aperfeiçoam rapidamente as técnicas. São poucos os pintores chineses cujo controlo do pincel iguale a arte do grande pintor paisagista japonês do século XV, Sesshū. São poucas as empresas ocidentais que têm o controlo da forma empresarial e das técnicas de gestão detido pelas grandes empresas comerciais japonesas. Mas a essência é japonesa. Os japoneses não são afetados pela influência estrangeira; esta torna-se parte da sua experiência. No entanto, destilam da influência estrangeira tudo o que sirva para manter e reforçar os valores, as crenças, as tradições, os objetivos e as relações do Japão. O resultado não é um híbrido. À imagem das pinturas dos séculos XV e XVIII, é um todo. Esta é uma característica japonesa verdadeiramente singular.

Por várias vezes, a sociedade japonesa viveu períodos em que esteve amplamente aberta às influências estrangeiras. Mas, depois, volta a fechar-se, a digerir e a transmutar tudo de uma forma quase alquímica. O que é considerado metal básico na cultura estrangeira, torna-se, por vezes, ouro no Japão, como os pintores chineses do século XII Mu-ch'i ou Yin T'o-lo. Ambos foram rejeitados pelos chineses como «grosseiros» ou «vulgares». Depois, tornaram-se os modelos e os mestres para os pintores japoneses austeramente refinados dos séculos XIV e XV. No entanto, por vezes, o metal numa cultura estrangeira pode tornar-se escória no Japão, como aconteceu neste século com a ideia do Estado nacional, importada do Ocidente e transmutada numa paródia venenosa de uma forma política antiga e peculiarmente japonesa, o xogunato, ou governo militar. Antes, o xogum servira sempre para eliminar a luta, para tornar a guerra desnecessária e impossível e, acima de tudo, para impedir a influência estrangeira.

A estética japonesa é uma maneira de compreender um elemento fundamental e central: a relação muito especial (eu diria única) entre o Japão e o mundo externo. É uma relação baseada na recetividade, na capacidade de aprender depressa e de aperfeiçoar o que é ensinado, enquanto, ao mesmo tempo, de aceitar, ou pelo menos reter, apenas o que torna o Japão mais japonês: aquilo que se ajusta à topologia e não à geometria ou à álgebra; aquilo que se ajusta às relações humanas japonesas; aquilo que se ajusta à experiência íntima da singularidade do Japão e àquilo a que se pode chamar, com um termo ocidental, a espiritualidade japonesa. Falamos aqui de um fenómeno existencial; e, já agora, a melhor tradução do termo peculiar *Shinto* é, provavelmente, espiritualidade.

Penso que a grande questão que o Japão enfrenta é saber se poderá manter estas capacidades. O Japão está agora a ficar integrado no mundo exterior, e não apenas economicamente (talvez até menos economicamente) de uma maneira que nem o Japão do século XI, o da vaga budista e chinesa, nem o Japão do tempo Sesshū por volta de 1500, nem talvez até o Japão de há 100 anos, poderiam ter imaginado. Poderá o Japão ainda sintetizar e transformar em japonês o estrangeiro, a cultura, o comportamento, a ética e até a estética exteriores ao Japão?

Não me atrevo a especular — mas há alguns sinais visíveis. Se olharmos para as artes visuais que hoje prosperam no Japão — a gravura moderna japonesa em madeira; o cinema japonês; a cerâmica moderna japonesa; e talvez se possa acrescentar a arquitetura japonesa —, dir-se-ia que há a possibilidade, e até a probabilidade, de os japoneses estarem novamente a niponizar a cultura importada. A gravura em madeira é moderna e japonesa da mesma maneira que a escultura Nara era budista e japonesa. O mesmo acontece, em grande medida, com a cerâmica atual do Japão. Espero que os japoneses voltem a fazer o que já fizeram antes muitas vezes. O mundo precisa de uma cultura que seja moderna e distinta e singularmente não-ocidental. Precisa mais de um Japão japonês do que uma versão japonesa de Nova Iorque, de Los Angeles ou de Frankfurt.

I

«Dez minutos e oitenta anos», terá respondido Hakuin Ekaku, o grande mestre *zen* do século XVIII, quando lhe perguntaram quanto tempo levou para fazer uma das suas pinturas de Daruma, o fundador da seita *zen*. É claro que Rembrandt poderia ter dado a mesma resposta se lhe perguntassem quanto tempo levou para pintar os autorretratos da sua velhice; Claude Monet, se lhe perguntassem quanto tempo levou para pintar um dos hinos à luz nas suas versões da Catedral de Rouen; ou Pablo Casals, se lhe perguntassem quanto tempo levou para tocar uma das *Suites a solo para Violoncelo* de Bach. Mas a resposta de Hakuin tem dois níveis de sentido além da do artista ocidental: exprime uma visão japonesa da natureza do homem, e uma visão japonesa da natureza da aprendizagem.

Estas podem ser vistas na dimensão da pintura japonesa figurativa e retratista com a qual nem o Ocidente nem a China têm paralelismo: o autorretrato espiritual. Se o homem ocidental diz que são precisos oitenta anos para poder fazer aquilo que os autorretratos de Rembrandt representam, ou a luz pura de Monet e o Bach de Casals, está a falar das décadas de prática necessárias para alcançar esse nível de aptidão. Mas os «oitenta anos» do ditado japonês referem-se, sobretudo, à autorrealização espiritual necessária para ser a pessoa capaz de pintar Daruma. Um antigo ditado *zen* diz que «Cada pintura de Daruma é um autorretrato [espiritual]». O pintor *zen* que não tenha trabalhado durante décadas no seu autocontrolo não será a pessoa para pintar Daruma. Daruma não é um deus nem um santo. É um homem, mas um homem que realizou todo o seu potencial espiritual, que alcançou o pleno poder espiritual do homem e que se transformou num ser espiritual. E só um pintor que se tenha também tornado o homem espiritual que Daruma representa pode então pintar um retrato no qual possa inscrever, como Hakuin fez num dos seus *Darumas*: «É isto!» O poder espiritual, as qualidades espirituais de Daruma não podem ser fingidos. Por muito grande que seja a habilidade de um pintor, se não tiver estas qualidades, o seu *Daruma* também não as terá.

Kanō Tanyū, em meados do século XVII, e Rosetsu, um século depois, ambos grandes mestres ímpares da pintura, pintaram Daruma. O *Daruma* de Tanyū parece um burocrata idoso ou um banqueiro bem-sucedido; o de Rosetsu assemelha-se ao presidente urbano e espirituoso de um departamento universitário. Ambas são pinturas excelentes, mas nenhuma tem espiritualidade, poder e controlo totalmente convincente. No entanto, o *Daruma* de um pintor que também tem a espiritualidade terá esse poder, mesmo que, como no caso de um *Daruma* pintado por Hakuin em idade muito avançada, esteja dobrado pela enfermidade física da idade, os olhos quase cegos apesar dos óculos pesados, as pernas desfalecentes e a morte muito próxima.

Daruma é mortal. É um ser senciente. Mas, ao contrário dos santos do cristianismo ou do budismo, não depende da graça divina, de um Ser Supremo ou da redenção. Alcançou a perfeição espiritual por meio dos seus próprios esforços e realizando a divindade em si mesmo. Esta não é uma visão «humanista» do homem, mas uma visão espiritual e existencial. É uma visão que se foca mais na sabedoria do que no conhecimento; mais no autocontrolo do que no poder; mais na excelência do que no sucesso.

O ditado *zen* «dez minutos e oitenta anos» também exprime um conceito singularmente japonês de aprendizagem contínua. No Ocidente e na China, um indivíduo aprende a preparar-se para o próximo cargo, para uma promoção, para um novo desafio. O exemplo mais extremo era o sistema de exame confuciano da China Imperial, em que uma pessoa tinha de desaprender a matéria do primeiro exame para se preparar para o segundo. A escola médica moderna ocidental também não é muito diferente, bem como a maioria dos cursos de Gestão Avançada. Contudo, no *zen*, um indivíduo aprende para fazer melhor o que já faz bem. Continua a pintar Daruma até que o controlo se torne completamente espontâneo. Desenha, como fazia, em inícios do século XVII, o calígrafo Konoe Nobutada, uma imagem de Tenjin, o patrono da aprendizagem, todas as manhãs — a mesma imagem, mas com uma mestria cada vez maior. Ou, como Nakabayashi Chikutō, por volta de 1800, pinta as mesmas paisagens uma e outra vez. É claro que, no Ocidente, o artista também faz isto — Casals praticou as *suites* de violoncelo de Bach até à sua morte, muito para lá dos 90 anos de idade. Contudo, no Ocidente — e na China —, só o artista faz isto; os outros são como os estudiosos confucianos que passam um exame para se qualificarem para o próximo, e para os quais uma promoção é um ponto de partida para a próxima.

No Japão, até hoje, existe o especialista da empresa comercial, o especialista em algodão, por exemplo, ou em maquinaria de carpintaria, que ganha mais dinheiro e tem um título superior, mas que continua a ser o especialista em algodão ou em maquinaria de carpintaria durante toda a vida profissional, tornando-se cada vez mais realizado a cada ano que passa. Há o processo de aprendizagem contínua na fábrica japonesa, onde os empregados ganham mais dinheiro com a antiguidade, mas continuam a fazer o mesmo trabalho e reúnem-se todas as semanas para falarem sobre como podem fazer melhor os seus trabalhos atuais. E há o conceito exclusivamente japonês do Tesouro Nacional Vivo, o grande artesão ou artista que se distinguiu ao fazer o mesmo trabalho. A teoria ocidental da curva de aprendizagem não é aceite no Japão — a teoria de que as pessoas, após um certo tempo, alcançam um nível de realização e ficam aí. A curva de aprendizagem japonesa fá-los saírem desse nível pela prática contínua, até alcançarem outro nível, onde, mais uma vez, após algum tempo, começam a aprender e a crescer, e assim sucessivamente, aproximando-se sempre da perfeição. A curva de aprendizagem japonesa, como os dez minutos e oitenta anos do mestre *zen*, vê a aprendizagem tanto como um ato de aperfeiçoamento espiritual e de autodesenvolvimento pessoal como de aquisição de aptidões. É uma maneira de mudar a pessoa e não apenas um meio de adquirir capacidade de desempenho.

Mais uma vez, isto é só uma vertente. A história e a sociedade do Japão estão cheias de alpinistas, de intriguistas ambiciosos, de pessoas sem escrúpulos e corruptas, tal como qualquer outra história ou sociedade. Mas também há o contraponto: os dez minutos e oitenta anos de aprendizagem para fazer melhor o que já se sabe fazer muito bem.

O conceito japonês ou *zen* de aprendizagem não deixa de ter perigos. Pode degenerar em imitação e repetição. Foi isto que aconteceu à escola de pintura Kanō. Foi a arte «oficial» do Japão durante quase trezentos anos, desde meados do século XVI até meados do século XIX. Manteve-se na sua posição por insistência na aprendizagem contínua, na técnica meticulosa, na adesão estrita aos modelos. Deste modo, conservou a sua competência técnica. Mas também, por volta de 1650, degenerou rapidamente na cópia mecânica. E continuava na cópia mecânica quando, duzentos anos depois, a Restauração Meiji abriu o Japão ao Ocidente. No entanto, apesar de poder degenerar em cópia mecânica e repetição gratuita, a tradição *zen* está mais próxima de ser uma teoria genuína da aprendizagem do que o concento ocidental e chinês de aprendizagem para o avanço, a promoção e o desenvolvimento. Com o seu foco no desenvolvimento das qualidades de uma pessoa, antecipou em centenas de anos as teorias modernas da pessoa e da autorrealização. De facto, há uma sabedoria profunda na ideia de que o trabalho é uma extensão da personalidade e que a personalidade é uma destilação do trabalho, de tal maneira que um indivíduo não pode pintar as qualidades espirituais de Daruma sem ele próprio as ter, mas pode tornar-se Daruma pintando-o todos os dias durante décadas.

A ideia e a sabedoria subjacentes ao conceito *zen* da pessoa e da aprendizagem estão hoje em perigo no Japão. O sistema educativo japonês optou por um extremo da posição ocidental e confuciana, que vê a finalidade da aprendizagem como a preparação para o próximo exame, para a próxima promoção, para a próxima recompensa externa. As crianças são massacradas a fim de passarem o exame de admissão na creche certa, para serem admitidas ao exame de entrada no jardim infantil certo, o que, por sua vez, conduz ao exame de admissão para a escola primária certa, e para a escola secundária, a universidade e a corporação. Será que ainda há espaço para a ênfase na aprendizagem de se tornar, na aprendizagem de ser, na aprendizagem de dizer «É isto!», quando se pinta *Daruma* como um retrato espiritual?

Até agora, usei a pintura japonesa para olhar para o Japão. Agora, usarei — ou abusarei — a pintura japonesa para olhar para o Ocidente e para a arte moderna ocidental. Rosetsu pintou *O Sino do Templo em Dōjō-ji* nos anos 1780. O título refere-se a uma peça Kabuki bem conhecida. No entanto, em si mesma, a pintura é praticamente abstrata e não-objetiva. Mas foi pintada um século e meio antes de haver pintores abstratos no Ocidente. Não é de modo algum a pintura abstrata mais antiga do Japão; de facto, estas pinturas podem remontar ao período Heian do século X. Tani Bunchō, o grande mestre pintor de Edo — Tóquio atual —, pintou uma *Ameixoeira em Flor ao Luar* pouco depois de 1800. Antecipa o que Turner e Monet tentaram fazer meio século depois no Ocidente: fazer da luz o motivo de uma pintura. Um *Daruma* de Hakuin é uma pintura expressionista, como as de Klimt, Schiele e Kubin, e Picasso nos seus anos expressionistas, e Matisse; mas com uma força que poucos deles tinham. O modernismo na arte ocidental é, pois, antecipado pela tradição japonesa. Há uma história — talvez apócrifa — segundo a qual Picasso foi levado em 1953 a uma exposição em Paris de pinturas japonesas que apresentava as obras do sacerdote *zen* e pintor Gibon Sengai, que morrera em 1838, e que saiu da exposição exclamando, furiosamente, que se tratava de um embuste, pois ninguém podia ter pintado assim sem ter visto o seu trabalho (de Picasso). O modernismo na arte ocidental é, de facto, antecipado, ou até prefigurado, pela tradição japonesa.

Contudo, é claro que os Ocidentais nunca haviam visto nem ouvido falar dos originais japoneses. Além das *ukiyo-e*, as gravuras em madeira, a arte japonesa era praticamente desconhecida no Ocidente até a um período muito recente. Por outras palavras, o Ocidente desenvolveu durante o último século elementos de uma visão e sensibilidade modernas que eram antigos no Japão. O Ocidente aprendeu a ver mais ou menos da mesma maneira que os japoneses sempre viram. O Ocidente mudou da descrição e da análise para o *design* e a configuração.

Marshall McLuhan anunciou que os meios de comunicação eletrónicos mudaram as nossas maneiras de ver e de interpretar o mundo, e que nos fazem percecionar mais do que conceber. No entanto, uma visão da perceção baseada numa perspetiva da arte japonesa conduziria à conclusão de que esta mudança começou muito mais cedo e que nada deve à tecnologia eletrónica. Pelo contrário, parece mais provável que o Ocidente ficou preparado para a tecnologia eletrónica e recetivo a esta porque a sua perceção mudou da descrição e da análise tradicionais para a perceção do *design* e da configuração que o Japão há muito conhecia.

Um distinto historiador da pintura moderna ocidental, Robert Rosenblum, no seu recente *Modern Painting and the Northern Romantic Tradition: Friedrich to Rothko*, afirma que a pintura moderna ocidental tem as suas raízes nos pintores do norte da Alemanha do século XIX — Caspar David Friedrich e Otto Runge —, que mudaram da descrição para o *design*. No entanto, podemos dizer que foi precisamente isto que aconteceu no Japão muito antes: a perceção oposta à conceção, o *design* oposto à descrição, a topologia oposta à geometria, e a configuração oposta à análise, têm sido, de facto, características constantes da arte japonesa desde o século X.

Edwin O. Reischauer, ex-embaixador americano no Japão e a maior autoridade em história e sociedade japonesas, escreveu no seu livro recente, *The Japanese*, que o Japão nunca produziu um grande pensador original de primeira classe. Isto foi interpretado como uma crítica severa, em especial no Japão; mas a questão de Reischauer era que a genialidade do Japão é mais percetual do que conceptual.

A obra mais importante da alta Idade Média no Ocidente foi a *Suma Teológica* de Tomás de Aquino, talvez o mais ousado feito conceptual e analítico da história humana. A obra de maior orgulho da «Idade Média» do Japão, o século XI, é o primeiro romance do mundo, *A História dos Genji*, da dama Murasaki Shikibu, repleto de descrições íntimas da vida cortesã dos homens e das mulheres, de amor, doença e morte. O maior dramaturgo do Japão, Chikamatsu Monzaemon (1643–1724), não tinha câmara nem telas, mas as suas peças Kabuki e Bunraku (marionetas) são altamente cinemáticas: contêm canções, danças, figurinos, música e textos falados. As personagens são definidas não tanto por aquilo que dizem, mas mais pelo seu aspeto. As pessoas raramente citam uma frase escrita por Chikamatsu, mas ninguém esquece uma cena. Chikamatsu não era um dramaturgo, mas sim um argumentista genial. E sem o auxílio de instrumentos cinemáticos, o seu teatro Kabuki inventou as técnicas do cinema; o *mie* em que o ator se imobiliza é, por exemplo, o equivalente ao grande plano cinematográfico.

O percetual na tradição japonesa está na base da ascensão do Japão como uma sociedade e uma economia moderna. Permitiu que os japoneses percebessem a essência, a configuração fundamental das coisas estrangeiras e ocidentais, fosse uma instituição fosse um produto, e que depois a redesenhassem. O mais importante que pode ser dito sobre o Japão, tal como visto através da sua arte, é que o Japão é percetual.

# AGRADECIMENTOS

Agradeço as autorizações de reedição:

«Rumo à Nova Economia», publicado originalmente em *Public Interest*, outono de 1980.

«Salvar a Cruzada: O Alto Custo do Nosso Futuro Ambiental», publicado originalmente em *Harper's Magazine*, janeiro de 1972.

«Empresas e Tecnologia», reeditado de *Labor Technology and Productivity*, org. Jules Backman, New York University Press. Copyright © 1974 New York University. Reeditado com autorização da Bobbs-Merrill Company, Inc.

«Multinacionais e Países em Desenvolvimento: Mitos e Realidades», publicado originalmente em *Foreign Affairs*, outubro de 1974.

«Que Resultados Devemos Esperar? Um Guia para a GPO», reeditado de *Public Administration Review*, janeiro/fevereiro 1976. © 1976 pela American Society for Public Administration, 1225 Connecticut Avenue, N.W., Washington, D.C. Todos os direitos reservados. Reeditado com autorização.

«A Redescoberta Iminente da Gestão Científica», publicado originalmente em *Conference Board Record*, junho de 1976. © 1976 por The Conference Board, Inc. Reeditado com a autorização de The Conference Board Record.

«O Conselho de Administração Aborrecido», de *Wharton Magazine*, Vol. I, #1, outono de 1976. © 1976 por The Wharton School of the University of Pennsylvania. Reeditado com autorização.

«Após o Desaparecimento da Reforma numa Idade Fixa», de *The Future of Business*, org. Max Ways para o Center of Strategic Studies, Georgetown University, Pergaman, 1978. © 1978 por Georgetown University, Washington, D.C. Reeditado com a autorização do Center for Strategic and International Studies.

«Ciência e Indústria: Desafios da Interdependência Antagónica», publicado originalmente em *Science*, 25 de maio de 1979.

«Como Garantir o Mau-desempenho», reeditado de *Public Administration Review*, março/abril de 1980 com o título «The Deadly Sins in Public Administration». © 1980 pela The American Society for Public Administration, 1225

Connecticut Avenue, N.W., Washington, D.C. Todos os direitos reservados. Reeditado com autorização.

«Por Detrás do Sucesso do Japão», publicado originalmente em *Harvard Business Review*, janeiro/fevereiro 1981, com o título «Japan Inc., Myths & Realities».

«Uma Visão do Japão Através da Arte Japonesa», de *Song of the Brush*, Catálogo da Exposição Sanso, Seattle Art Museum, 1979. Copyright © 1979 de Peter F. Drucker. Reeditado com autorização.